Massimiliano Angelucci

DEPORTE Y MISTIFICACIÓN

Biblioteca Italiana  Frankfurt am Main
Italienische Bibliothek

Biblioteca Italiana / Italienische Bibliothek
Frankfurt am Main

Massimiliano Angelucci, 1975.
Deporte y mistificación.
Traducido del italiano por **Romina De Rugeriis** y **Renata De Rugeriis**
Editado por **Rocío Martínez Soria**
Corregido por **Marina Casas-Arruti Díaz**

Portada: Massimiliano Angelucci

Primera publicación en 2016 con el título: *Sport e mistificazione*.

ISBN 978-3-9817586-4-1

Para Lana

Este no es un libro objetivo.
Hay una idea preconcebida, una opción temática.
Está escrito tomando partido por el ser humano.

Raniero La Valle

ÍNDICE

Introducción

La mistificación (*mystification*), palabra francesa del siglo XVIII que deriva del griego «μύστης», indica una distorsión deliberada de la verdad y de la realidad, así como un abuso de la credulidad de los demás a través de la difusión de informaciones erróneas.[1]

Se pueden encontrar ejemplos pequeños, aunque ciertamente insidiosos, en todas partes por la manipulación léxica típica del lenguaje político y comercial contemporáneo. Tan solo piensa en oxímoros como «guerra justa», «desarrollo sostenible» o «ciencias religiosas», inventadas para suavizar y trastornar sustancialmente su significado.

Entre los prototipos más antiguos y eficaces de la mistificación que lograron influenciar la historia humana, estuvo la llamada «Donación de Constantino» *(Constitutum Constantini)*, el falso decreto que pretendía remontarse al año 313 y con el que el emperador – milagrosamente curado de la lepra gracias a un bautizo – se habría convertido al cristianismo y le habría otorgado a la Iglesia católica una serie de bienes, privilegios, el dominio sobre el Imperio romano de Occidente y la superioridad del poder papal sobre ese mismo imperio. Por otra parte, esto dio a los pontífices el pretexto para posteriores reivindicaciones, que tuvieron lugar en repetidas ocasiones en el transcurrir de los siglos, incluso después de que el filólogo Lorenzo Valla, en 1440, lograra desenmascarar y demostrar inconfutablemente la naturaleza apócrifa del documento.

El fenómeno pluridimensional que se esconde detrás de la palabra «deporte» elude con habilidad las muchas tentativas de definición, hasta el punto de que una de las más brillantes podría ser: «El deporte es lo que hace la gente cuando piensa en hacer deporte».[2] No obstante, es posible identificar su recorrido etimológico y elementos clave comunes a las fuentes más acreditadas. Del origen del término latino *«dēporto»*, que indica la salida ocasional fuera de los muros de la ciudad para realizar actividades de esparcimiento, a la transición al francés antiguo *«desport»* (siglo XII-XIII) con un significado que no difiere demasiado de diversión y que permanece sustancialmente sin cambios en inglés *«disport»* en el siglo XIV, abreviándose definitivamente a *"sport"* alrededor del siglo XVI. Por lo que «deporte» identifica entonces una actividad libre e improductiva, caracterizada por un componente motor prevalente con eventuales formas de reglamentación y que es practicada por esparcimiento, diversión y bienestar.

El deporte es desde la antigüedad – cuando no existía ni siquiera tal término – un «hecho social total» es decir, capaz de influenciar otros ámbitos de la sociedad, como teorizó Mauss. Ahora más que nunca tiene un carácter omnipresente, hasta tal punto que cualquiera cree saberlo todo al respecto. Un poco como lo que ocurre con la meteorología; todos hablan de ella continuamente, expresan opiniones, citan proverbios, lugares comunes y previsiones sin tener un conocimiento real o haber profundizado jamás en el tópico.

La complejidad del fenómeno hace que, para una mayor comprensión, resulte necesaria la descomposición en todas sus partes (o matrices) estratificadas y solapadas en el tiempo:[3]

En primer lugar, la «militar», la más antigua de todas, que carece del aspecto lúdico y exige el fortalecimiento corporal destinado a la guerra.

La matriz «sanitaria», tan antigua como la anterior, fue capaz de adquirir progresivamente una mayor credibilidad y autoridad mano a mano con el aumento de los descubrimientos en el contexto anatómico y fisiológico. Se basa en la correcta intuición de que la salud puede ser recuperada, conservada y mejorada mediante movimientos correctamente dosificados.

La matriz «educativa», también conocida como pedagógica, nace en el siglo XV y sostiene las potencialidades del ejercicio físico, no solo para proporcionar beneficios para la salud, sino también para la formación de la persona.

La matriz «competitiva» interpreta el movimiento lúdico en contraposición a otros individuos o grupos.

La matriz «estética», fruto de las transformaciones sociales que han conducido hacia el desarrollo del actual modelo estético con tendencia hacia una figura ideal delgada y tonificada, establece el movimiento del cuerpo, implementado en diversas formas, como un medio para una mejora principalmente en dicha dirección.

La matriz «representativa» describe la transformación del deporte como beneficioso para una profesión, que conduce a la identificación de estos momentos como «representaciones del deporte», equivalentes e indistinguibles de otros programas de televisión o representaciones teatrales (en los que el deportista es el equivalente al actor/artista *showman*).

La matriz «proyectiva» incluye la enorme oferta de consumo pasivo (en ausencia de movimiento) a través de los diversos medios de comunicación, que ha llevado hacia el nacimiento de una nueva categoría de «deportistas»; esa gran cantidad de aficionados cuya relación con el deporte es a veces muy intensa, pero que se establece exclusivamente, o casi exclusivamente, en modo pasivo, siguiendo las diversas disciplinas a través de los medios de comunicación. Estos deportes son la expresión manifiesta de un mecanismo (proyectivo precisamente) que siempre les permite identificarse con el atleta o con los equipos de los que son aficionados y, en consecuencia, «practicar» deporte fuera de su propio cuerpo.

La matriz «expresiva» representa el movimiento humano que deriva de la necesidad de la expresión de la propia individualidad. Comprende la actividad, frecuentemente no organizada, que se practica en solitario y que es compartida solo en raras ocasiones, como en los deportes denominados «extremos» y en algunos tipos de danza.

La matriz «virtual», por último, comprende las prácticas deportivas simuladas a través de dispositivos tecnológicos capaces de involucrar no solo los dedos de las manos así como ocurre en las primeras formas de videojuegos, sino a través del uso de todo el cuerpo o buena parte del mismo.

Entre todas estas, como se verá, se impuso una, que es la suma de las formas en deterioro: militar, competitiva, representativa y proyectiva.

Desde un punto de vista cronológico, en diferentes períodos de la historia humana, estas prácticas motoras han reflejado y respaldado las necesidades de las épocas. Se han encontrado indicios de algunas que pueden atribuirse a actividades de juego o utilidades (gimnasia médica, esgrima con palos, lucha, danzas y marchas) ya en la Creta del 3000 a.e.c. pero, naturalmente, también las tenían los sumerios, asirios, babilonios, hititas, fenicios, egipcios, griegos, etruscos y romanos.

El juego «improductivo» es común a todos los tiempos y estuvo acompañado en diferentes períodos y lugares por otras prácticas. La necesidad de alimento (caza y pesca) llevó a la búsqueda de entrenamientos dirigidos a desarrollar las habilidades útiles a tales fines. Por ello, hubo nuevas invenciones de instrumentos que sirvieron de ayuda, como las puntas de flecha (origen del tiro con arco) y las lanzas (jabalina). De la misma manera, la necesidad de moverse de un lugar a otro por tierra, agua, hielo y aire, ha dado vida a disciplinas y múltiples especialidades relacionadas: las carreras a pie, a caballo (hípica) o con medios mecánicos (ciclismo y otros medios sobre rueda, motociclismo, automovilismo), la natación y las variadas formas de navegación, la locomoción y el patinaje sobre hielo con un calzado especial, patines o medios de tracción animal e incluso el vuelo (paracaidismo y otros medios mecánicos simples o motorizados).

Las prácticas medievales distinguían entre las destinadas al ejercicio de las capacidades de trabajo, siempre marginales, y aquellas visiblemente ligadas a la guerra (torneos, juegos y entrenamientos de caballería en general), que tenían en común el uso de armas. Estas vieron, con el paso del tiempo, una progresiva atenuación del componente cruel a favor de una creciente reglamentación.[4]

El deporte moderno nace durante el siglo XVIII en una Inglaterra que se estaba industrializando, para luego difundirse a los Estados Unidos, Europa occidental y a otras partes del mundo a través de las relaciones comerciales principalmente.[5]

Según el fundador del comité olímpico internacional, el deporte es «el culto voluntario y habitual del esfuerzo muscular intensivo apoyado en el deseo de progreso, que puede llegar hasta el riesgo. Debe ser practicado con ardor, yo diría que incluso con violencia. El deporte no es un ejercicio físico adecuado para todos, puesto que se ha de ser sabio y moderado; el deporte es el placer de los fuertes o de aquellos que quieren serlo».[6]

Con una definición carente de muchas connotaciones sobrehumanas, la Unión Europea define, en cambio, el deporte como «cualquier forma de actividad física que, a través de la participación organizada o no, tiene por objeto la expresión o la mejora de la condición física y psíquica, el desarrollo de las relaciones sociales o la obtención de resultados en competiciones de cualquier nivel».[7]

Sin embargo, en la realidad, entre participación organizada y no organizada – así como entre profesionalismo y amateurismo – prevalecieron los primeros sin dejar ningún espacio a la práctica espontánea y despreocupada, del mismo modo que la expresión de un objetivo o mejora de la condición física y psíquica, que incluso terminaron por sufrir efectos negativos. Lo que queda es evidentemente la «...obtención de resultados en competiciones de cualquier nivel».

El estudio del deporte encuentra más sombras que luces, plantea más dudas que certezas; juegos de mesa y exclusivamente de razonamiento, como las damas, el ajedrez o el bridge, por ejemplo, son reconocidos por el comité olímpico como disciplinas deportivas, a pesar de tener un componente motor equivalente a la lectura de este libro. Por el contrario, tocar instrumentos musicales como el piano, a pesar de que requiere una gran coordinación, notables capacidades y habilidades motoras, así como un constante «entrenamiento», no ha sido jamás integrado en el mundo deportivo. Esto ejemplifica la enorme importancia atribuida desde la concepción hegemónica del deporte a solo el aspecto competitivo, que, de hecho, es el único factor discriminatorio tomado en consideración.

Este y muchos otros signos de un deporte fuertemente ideologizado y disfrazado de falsa benevolencia y filantropía se ponen de relieve en las páginas siguientes a través de una serie de puntos más o menos sintéticos. En la mayoría, se evita intencionadamente hacer referencias demasiado específicas para no inducir a pensar que se trata solo de unos pocos casos aislados. De hecho, el problema actual no es tanto la ausencia de información, que está disponible bajo múltiples formas y fuentes para el que se empeñe en buscarlas, sino más bien una insidiosa sobrecarga de información, en su mayoría engañosa o sobre temáticas superficiales, que constituye un perenne «ruido de fondo» bajo el cual incluso lo que debería merecer atención corre el riesgo de quedarse sumergido.

Se dice que la escritura es el guardián de la palabra y, por lo tanto, del saber humano. Se le atribuye en este caso una renovada teoría crítica que – escribió Horkheimer – tiene la tarea de expresar lo que en general se oculta. Las masas, de hecho, terminan por no darse cuenta de cambios que se producen, sobre todo cuando estos ocurren gradualmente, y tienden a creer lo que se les dice repetidamente y a comportarse de un modo uniforme, incluso tomando decisiones equivocadas.

NOTAS

[1] ISTITUTO DELLA ENCICLOPEDIA ITALIANA e CENTRE NATIONAL DE RESSOURCES TEXTUELLES ET LEXICALES.

[2] PAUL IRLINGER, CATHERINE LOUVEAU e MICHÈLE MÉTOUDI, *Les pratiques sportives des Français* (Paris: INSEP, 1987), 15.

[3] MASSIMILIANO ANGELUCCI, *La Responsabilità Sociale nello Sport* (Roma: Aracne, 2009).

[4] ALLEN GUTTMANN, *Dal rituale al record. La natura degli sport moderni* (Napoli: Edizioni Scientifiche Italiane, 1994), 80. Orig. *From Ritual to Record: The Nature of Modern Sports* (New York: Columbia University Press, 1978).

[5] *Ibídem*, 79.

[6] PIERRE DE FRÉDY DE COUBERTIN, *Pédagogie sportive* (Paris: Crés, 1922).

[7] COUNCIL OF EUROPE, *European Sport Charter* (Ródos: Council of Europe, 1992).

Deporte y militarismo

1.   El deporte moderno es la continuación de la política y de la guerra con otros medios.[1] Es su simbolización institucional,[2] y la guerra, como confrontación entre países cuyo objetivo es prevalecer y llegar «los primeros»,[3] con todos los componentes comunes a los deportes modernos, puede considerarse el más sangriento de todos.

2.   Supremacía y dominio, personal y territorial, son los fines del deporte mistificado.

3.   La contraposición que caracteriza a los deportes se basa en una confrontación y una disputa originariamente solo interpersonal, posteriormente entre grupos y, finalmente, entre castas y clases. La organización en familias, tribus y grupos de diferentes naturalezas tenía originariamente la función de salvaguardar la disponibilidad de determinados privilegios individuales o colectivos. Estas estructuras fueron luego sustituidas por grupos especializados y designados específicamente al rol de defensores, que son los ejércitos y, en el deporte, los equipos que «defienden» precisamente, los colores de los barrios, ciudades, naciones u otros.[4]

4.   El ejército de la antigua Roma, con el fin de obtener una maniobra más ágil, superó el concepto de falange compacta e introdujo posiciones de batalla muy precisas, principalmente en cuatro niveles (*velites*, *hastati*, *principes* y *triarii*). Lo mismo se evidencia en los módulos tácticos de los deportes jugados en equipo.[5]

5.   Con la defensa y la conquista, los deportes modernos de tipo «territorial» evocan perfectamente los simbolismos de la guerra o, según el etólogo y zoólogo Desmond John Morris,[6] de la caza ritual. Entre los más populares, el fútbol y el rugby derivan de diversas reglamentaciones de prácticas violentas denominadas posteriormente con el nombre de fútbol medieval. Estas contemplaban a grupos de países cercanos enfrentarse en el campo con el objetivo de alcanzar la conquista simbólica del rival con una esfera de tripa animal. En la actualidad, los puntos expresan con claridad la unidad de medida de la violación hecha al enemigo (presa) o sobre su territorio, representado diversamente por puertas y delimitaciones del campo de acción.

6. La función de entrenamiento y proceso preparatorio a la actividad militar de muchos deportes es algo aún evidente.

7. Al igual que en el ámbito militar, los conceptos de obediencia y respeto de las jerarquías son esenciales en el deporte moderno. El sentido de responsabilidad individual de cada persona mengua peligrosamente, tal como ocurre durante la guerra, en la que es frecuente la justificación de que nos limitamos a ejecutar órdenes.[7] La disciplina que se obtiene de esta manera es incluso más eficaz, ya que es autoimpuesta.

8. El deporte moderno nace con una marcada connotación nacionalista o patriótica-militarista.[8]

9. Las sociedades deportivas de muchos países, especialmente en Europa oriental, son la expresión de los ejércitos nacionales (como el Partizan Beograd y la Steaua Bucureşti) o incluso los llevan en el nombre (como en el caso de la CSKA Moskva, cuyo acrónimo significa «sociedad deportiva central del ejército"). En Inglaterra está el «Arsenal», fundado en una fábrica de explosivos – de ahí su símbolo de un cañón de guerra – motivo por el cual los hinchas y futbolistas son llamados *«gunners»*, artilleros.

10. El deporte moderno se ha difundido como consecuencia de los asentamientos y colonizaciones militares y comerciales siguiendo los esquemas imperialistas. Es por esto que, encontramos que países extremadamente diferentes y distantes tienen el mismo deporte «nacional», tal como sucede con Inglaterra e India. En otros casos, como ocurre con las exóticas carreras automovilísticas con el fascinante heroísmo de la «domesticación del espacio lejano»,[9] el colonialismo deportivo meramente se tolera y ni siquiera se practica en los territorios que los acogen.

11. Como observa Hoberman,[10] las coreografías rítmicas de masas, típicas de la concepción del deporte de los regímenes totalitarios, con miles de gimnastas en el estadio que ejecutan movimientos coordinados al marchar, saludar y cantar al unísono, representan sustancialmente el ceremonial del estado cuartel.

12. Los deportes y los ceremoniales militares son tan similares que en algunas ocasiones llegan a coincidir.[11]

13. Incluso en países cuya aproximación al deporte era fundamentalmente anti-competitiva, como Rusia y China, se convierte en una doctrina altamente competitiva. En tal sentido, uno de los presidentes más cuestionables del comité olímpico

afirmó en 1955 que Rusia estaba construyendo el ejército de masas de atletas más grande que el mundo jamás haya conocido.[12]

14. El vínculo entre comités olímpicos y ámbito militar está confirmado también por el hecho de que algunos de estos, como el comité olímpico nacional italiano, por ejemplo, han sido fundados por miembros del ejército. En muchos países, los atletas con buenas cualidades en las disciplinas olímpicas eran contratados por las fuerzas armadas y se les pagaba para participar en los deportes militares. Estos atletas de Estado son, por lo tanto, reales «soldados del deporte», que se envían a misiones al extranjero a todos los eventos internacionales.

15. El deporte moderno hace un uso intensivo de los símbolos. Los escudos de armas y los nombres de las organizaciones deportivas, además de representar localidades territoriales, recuerdan y en algunos casos, coinciden con los militares o, en todo caso, presentan la misma simbología agresiva usada por los cuerpos militares, como la extenuante referencia a los animales feroces.

16. La ropa deportiva es la perfecta transposición de los uniformes militares en el deporte. Junto con los escudos de armas, símbolos y banderas, es esencial para reforzar el sentido de identificación y para distinguir el «nosotros» del «ellos», el adversario, el enemigo a vencer. En los deportes de equipo las jerarquías se manifiestan a través de una banda o un uniforme diferente llevado orgullosamente por un atleta llamado «capitán».

17. El fondo instintivo agresivo y la afinidad con la terminología militar – evidencia Vinnai en su libro sobre el fútbol y las ideologías[13] – aparecen claramente también en la jerga del fútbol. El oponente es «derrotado», «atropellado», «neutralizado», «barrido», «aniquilado», «puesto fuera de combate», «asediado», «destruido» o «liquidado». Un jugador con éxito es designado como «artillero», «bombardero», «ariete» o «destructor». Se le confieren atributos tales como «guerrero», «ingenioso», «letal», «explosivo», «incisivo», «duro», «con nervios de acero» o «despiadado». Y así, los tiros son definidos como «misiles», «bombas», «cohetes», «cañones», «escopetazos», «chutes» o «estocadas».[14] Incluso los términos militares «torneo» (que define el combate de caballeros armados en la Edad Media) y «maniobra» todavía son de uso común en el deporte.

18. También puede suceder, como en julio de 1969, que la guerra simbólica del deporte y la guerra verdadera ocurran en el mismo lugar y al mismo tiempo, en lo que pasó a la historia como la «Guerra del *Fútbol*» que se combatió entre los Estados de Honduras y El Salvador. Los miles de víctimas y heridos lo convirtieron en una de las batallas más sangrientas de la Segunda Guerra Mundial.

19. En jerga deportiva, se dice que «las banderas (otra referencia militar) ya no existen», constatando que, al igual que los mercenarios, los deportistas se venden y «combaten» del lado del mejor postor.

20. Los otros combatientes, las hordas de hinchas, con sus actitudes agresivas y, en ocasiones, violentas, sus jerarquías, sus sistemas de relaciones tribales, su concepto de «honor» y las rígidas normas «de cuartel», recuerdan marcadamente a las formas de grupos paramilitares.

21. Durante la desintegración de Yugoslavia, se reclutaron milicias nacionalistas entre los grupos organizados de aficionados, y fueron precisamente estos quienes desataron el conflicto que dio origen a la guerra de independencia croata el 13 de mayo de 1990 en el estadio Maksimir de Zagreb. Aún hoy, un monumento erigido fuera del estadio cita: «A todos los aficionados defensores del Dinamo, por quienes la guerra comenzó el 13-V-1990 en el estadio Maksimir y que dejaron sus propias vidas sobre el altar de su patria Croacia».

22. La medicina deportiva en sí tiene un método similar a la militar y la finalidad común de garantizar la más rápida y completa recuperación funcional de los heridos/lesionados para poderlos volver a enviar lo más pronto posible a la batalla/al partido. En el transcurso de la Segunda Guerra Mundial los experimentos con el doping, fenómeno típicamente deportivo, se practicaron en los militares.[15]

23. El deporte moderno es una expresión constante de una sociedad militarizada.[16]

24. La mistificación deportiva evoca perpetuamente un irritante «heroísmo sin propósito»,[17] y los deportistas son, en tal sentido, héroes de «comunidades imaginadas»,[18] en lugar de serlo de las verdaderas.

NOTAS

[1] Paráfrasis del famoso dicho de CARL PHILIPP GOTTLIEB VON CLAUSEWITZ, *Vom Kriege: Hinterlassenes Werk des Generals Carl von Clausewitz* (Berlin: Dümmler, 1832).

[2] JEAN-MARIE BROHM, *Sociologie politique du sport* (Nancy: Presses Universitaires de Nancy, 1992), 315. Orig. Paris: Éditions Universitaires, 1976.

[3] Georges Hébert in JEAN-MARIE BROHM, *Ibídem*, 23.

[4] Alfredo Calligaris in GIUSEPPE BRUNAMONTINI, *Esercito e Sport. Dal gesto individuale del guerriero mitologico all'educazione sportiva dei giovani di oggi* (Bari: Laterza, 1989), 167.

[5] *Ibídem*, 162.

[6] DESMOND JOHN MORRIS, *The Soccer Tribe* (London: Jonathan Cape, 1981).

[7] JOE HUMPHREYS, *Foul Play: What's wrong with Sport* (London: Icon Books, 2008), 52.

[8] Fausto Colombo en GIUSEPPE BRUNAMONTINI, op. cit., 74.

[9] GEORGES VIGARELLO, *Culture e tecniche dello sport. Gesti, strumenti, materiali, organizzazioni: un'antropologia dei fenomeni sportivi nella società contemporanea* (Milano: il Saggiatore, 1993), 168. Orig. *Une histoire culturelle du sport*. Paris: Éditions Robert Laffont, 1988.

[10] *Ibídem*, 33.

[11] PIERRE LAGUILLAUMIE, *Sport & repressione* (Roma: Samonà e Savelli, 1971), 62. Orig. *Sport, culture et répression*. Paris: Maspero, 1968.

[12] JOHN MILTON HOBERMAN, *Politica e sport. Il corpo nelle ideologie politiche dell'800 e del 900* (Bologna: Il Mulino, 1988), 269. Orig. *Sport and Political Ideology*, Austin: University of Texas Press, 1984.

[13] GERHARD VINNAI, *Il calcio come ideologia. Sport e alienazione nel mondo capitalista* (Rimini: Guaraldi, 2004), 103. Orig. *Fußballsport als Ideologie*, Frankfurt am Main: Europäische Verlagsanstalt, 1970.

[14] PIERRE LAGUILLAUMIE, op. cit., 25.

[15] ROSALBA ALTOPIEDI, *"Fatti" di sport. Il doping e la doppia morale delle organizzazioni sportive* (Milano: FrancoAngeli, 2009), 38.

[16] MARC PERELMAN, *Sport barbaro. Critica di un flagello mondiale* (Milano: Medusa, 2012), 10. Orig. *Le sport Barbare. Critique d'un fléau mondial*. Paris: Michalon Éditions, 2008.

[17] R. Barthes en JOHN MILTON HOBERMAN, op. cit., 169.

[18] BENEDICT ANDERSON, RICHARD O'GORMAN, *Imagined Communities: Reflections on the Origin and Spread of Nationalism* (London / New York: Verso, 1983).

Deporte y nacionalismo

1. Las comunidades imaginadas de millones de personas, como observa Hobsbawm, parecen más reales cuando se concentran en unos pocos «jugadores». Sin embargo, aunque se declaren arraigadas en los tiempos más remotos, las naciones se desarrollaron bastante recientemente, así como los fenómenos vinculados a ellas: el nacionalismo, los símbolos y las diversas historias nacionales.[1]

2. Los estados-nación se formaron principalmente hacia finales del siglo XIX junto con el nacimiento de los juegos olímpicos modernos. [2] Fue el mismo Coubertin, fundador del comité olímpico internacional, quien afirmó que el atleta moderno exalta su propia patria, su propia raza y su propia bandera,[3] así como quien escogió los colores del logo olímpico entre aquellos presentes en todos los estandartes nacionales de la época. El juramento olímpico moderno, escrito por Coubertin e introducido en 1920, citaba: «Nosotros juramos que formaremos parte de los Juegos Olímpicos con el espíritu de la caballería, por el honor de nuestro país y la gloria del deporte». Juramos que tomaremos parte en la Olimpiada, en leal competición, respetando las reglas que la gobiernan y el deseo de participar en ella con verdadero espíritu deportivo, por el honor de nuestra patria y por la gloria del deporte.

3. La bandera y el himno nacional, los símbolos más importantes, son estos también más recientes, dado que datan todos hacia finales del siglo XVIII. Luego hay muchos otros; los uniformes, las bandas militares y los desfiles, que sirven para ostentar el poder del Estado.[4]

4. La ostentación de los símbolos de pertenencia constituye una forma de defensa del territorio.[5]

5. El concepto de «nación», con sus fronteras, la delimitación y la protección del territorio (muy común en el reino animal), choca con la realidad de los fenómenos geológicos que afectan a todos los territorios, como la llamada «tectónica de placas». No solo las naciones actuales, sino continentes enteros no eran como los conocemos ahora ni lo serán en el futuro. Hace millones de años, hubo supercontinentes como el denominado Pangea, que incluían todas las tierras emergidas hoy parcialmente separadas.

Esto es todavía evidente a nivel geomorfológico en la complementariedad de las costas continentales, y en el que la correspondencia entre América del Sur y África, por ejemplo, es particularmente clara.

En millones de años (si es que el hombre no ha aniquilado la Tierra antes del tiempo) África ocupará el lugar de Europa, Australia y la Antártida se adherirán a Sudáfrica, China estará pegada a América del Norte, y esta última unida con África.

6. Los grupos colindantes están por lo general en feroz oposición. En el deporte se trata de una constante institucionalizada y exaltada en el concepto de *«derby»*. Todos los confines, sin embargo, son meras convenciones[6] basadas fundamentalmente en elementos naturales: mares, ríos, bosques, montañas, pero también en factores políticos y económicos. Los actuales Estados, que, si bien son generalmente considerados como algo estable, son también mutables y han visto sus propios confines cambiar varias veces en pocas décadas para unirse, dividirse, fragmentarse en entidades muy pequeñas o, en varios casos, desaparecer del todo. Los Estados, nuevos o potenciales, necesitan un reconocimiento internacional que pasa también, sobre todo, por la participación en eventos deportivos. Entre los casos más recientes está el de Kosovo, autoproclamado independiente de Serbia en 2008, tiene desde 2014 un equipo «nacional» de fútbol, a través del cual obtuvo la afiliación a las federaciones nacionales de fútbol europeas e internacionales en 2016, mucho antes de un completo reconocimiento internacional.

7. Dando un paso atrás en el tiempo, pero permaneciendo en la tierra de los Balcanes, la opinión común es que fue precisamente un fracaso deportivo, particular y muy breve, el que determinó la disolución de Yugoslavia.[7] Era la noche del 30 de junio de 1990 y se disputaban los cuartos de final de la Copa del Mundo entre Argentina y Yugoslavia en Firenze. Un dramático empate llevó a la ronda de penaltis y justo el último, errado por el capitán balcánico, se cree que – con la eliminación deportiva – destrozó el residuo peligroso más pequeño del nacionalismo yugoslavo.

8. Con la formación de nuevos Estados, el deporte siempre ha ayudado a acrecentar el espíritu nacional, convirtiéndose en su principal catalizador.

9. El nacionalismo necesita adoctrinamiento, también a través del deporte mistificado.

10. El deporte es un extraordinario agente de cohesión nacional. Desencadena un proceso de pertenencia a un territorio a través de un parentesco tribal, un ideal común a toda la nación, y evoca la identificación mediante de la oposición a otras naciones según los mecanismos de «amigo-enemigo», evocando los mitos y leyendas de un pasado en común y, después, canalizando las emociones de las masas en clave agresiva.[8]

11. Cada nación observa con particular atención los deportes que siente «propios» y, a través de ellos, encuentra una particular satisfacción en la victoria. De la misma manera, ignora las derrotas en los deportes considerados menores, los cuales probablemente satisfarán a su vez a otras naciones en las que tienen mayor importancia. Así es como el deporte, a pesar de no poder satisfacer a la mayor parte de los competidores, distribuye, en cambio, dosis de orgullo a las diferentes naciones, en una especie de ilusión colectiva en la que todos creen que son mejores que los demás.

12. La idea de nación se agrieta con el paso del tiempo. Hoy en día, las selecciones nacionales son marcadamente multiétnicas bien sea por antiguos colonialismos, por los fenómenos naturales de migración o porque los atletas efectúan un cambio de nacionalidad, buscando de oportunidades en alguna otra selección. Muchos de los que están en el nivel, como cualquier otro trabajador, buscan una mejor compensación económica en otros lugares (algunas veces incluso en lo deportivo) y, de hecho, son «contratados» por otros países. Así, puede pasar que, en diferentes disciplinas, en el tenis de mesa, por ejemplo, los casos de «naturalización», la adquisición de la ciudadanía por parte de un extranjero por concesión de la autoridad pública son generalizados. Incluso los entrenadores, las otras figuras técnicas y los directivos «nacionales» son a menudo extranjeros. Son frecuentes los casos incluso paradójicos, como el de los hermanos que tienen que enfrentarse el uno al otro por tener que representar naciones diferentes en competiciones internacionales o también, el encuentro reciente entre Albania y Suiza en los campeonatos europeos de fútbol, en los que aproximadamente la mitad de la selección helvética — compuesta casi exclusivamente

por extranjeros – eran albaneses.

Es probable que, en el futuro, se reconsidere el concepto de nación de la misma manera en la que hoy vemos la separación forzosa del Muro de Berlín hasta 1989 o a las figuras anacrónicas como el emperador de Japón, el cual, hasta 1946, se consideró que tenía naturaleza divina.

13. Las naciones necesitan inventar, nutrir y renovar continuamente las propias tradiciones.[9] Esto se debe a que las mismas confieren legitimidad, parecen tener el mismo significado que las leyes inmutables naturales, y el cumplimiento de estas leyes se hace pasar por expresión de objetividad.[10] No obstante, la mayoría de las veces, incluso las tradiciones que parecen ser antiguas tienen a menudo un origen más bien reciente y, a veces, son completamente inventadas.[11] Hobsbawm es el primero en definir las «tradiciones inventadas» como el conjunto de prácticas instituidas por reglas aceptadas abiertamente y dotadas de una naturaleza ritual o simbólica que buscan inculcar determinados valores y normas de comportamiento repetitivos, en las cuales está automáticamente implícita la continuidad con un pasado histórico oportunamente seleccionado o en gran parte ficticio.[12] Se trata evidentemente de instrumentos de manipulación camuflados bajo el manto de la antigüedad[13] y de la «nostalgia narcotizante de un pasado idealizado».[14]

14. Ya en su tiempo, el emperador romano Augusto solía recurrir a la exaltación de la tradición con fines propagandísticos. En efecto, él hacía pasar las medidas establecidas por él mismo como un retorno necesario a las «antiguas virtudes romanas».[15]

15. Hobsbawm coloca la expansión de las modernas tradiciones creadas a propósito para fundar y afianzar cíclicamente vínculos de lealtad en los treinta o cuarenta años precedentes a la Primera Guerra Mundial, alcanzando la máxima intensidad de la «invención de la tradición» en los países occidentales en el período comprendido entre el final del siglo XIX y el inicio del siglo XX.[16] Nuevos días festivos, ceremonias oficiales de distinta naturaleza, héroes, símbolos y especialmente deportes, cada elemento contribuye a la construcción ideológica.

16. Las tradiciones – al menos, buena parte de aquellas que no se crearon a propósito – han sido canceladas, ya que no son funcionales o naturales de la ideología dominante. De igual

modo, muchas formas alternativas de actividad física y con un carácter local, como los juegos tradicionales, han caído en desuso, han sido reprimidas, transformadas en deporte[17] o degradadas a fenómenos folclóricos. [18] Los juegos medievales o los tradicionales típicos de las clases inferiores, como el fútbol, tenían inicialmente pocas reglas, que se acordaban de vez en cuando, o ni siquiera las tenían. Ciertamente, no existía ningún concepto similar al juego limpio.

17. Los juegos olímpicos, considerados el evento culminante del deporte mundial, tras de una fachada de internacionalismo, son en realidad el «festival de los nacionalismos», en el que la mayor parte de las naciones se celebran a sí mismas en alguna victoria fútil y temporal.

NOTAS

[1] ERIC J. HOBSBAWM, *Nations and Nationalism Since 1780: Programme, Myth, Reality* (Cambridge: Cambridge University Press, 1990).

[2] ALAN TOMLINSON, GARRY WHANNEL, *Five-ring Circus: Money, Power and Politics at the Olympic Games* (London: Pluto Press, 1984), 86.

[3] MARC PERELMAN, *Sport barbaro. Critica di un flagello mondiale* (Milano: Medusa, 2012), 12. Orig. *Le sport Barbare. Critique d'un fléau mondial.* Paris: Michalon Éditions, 2008.

[4] ERIC J. HOBSBAWM, op. cit.

[5] NICOLA PORRO, *Sociologia del calcio* (Roma: Carocci, 2008), 79.

[6] DAVID STEPHEN MITCHELL, *Cloud Atlas* (London: Sceptre, 2004), 479.

[7] GIGI RIVA, *L'ultimo rigore di Faruk. Una storia di calcio e di guerra* (Palermo: Sellerio, 2016).

[8] JEAN-MARIE BROHM, *Sociologie politique du sport* (Nancy: Presses Universitaires de Nancy, 1992), 249. Orig. Paris: Éditions Universitaires, 1976.

[9] ERIC J.HOBSBAWM, TERENCE O. RANGER, *The Invention of Tradition* (Cambridge / New York: Cambridge University Press, 1983).

[10] GERHARD VINNAI, *Il calcio come ideologia. Sport e alienazione nel mondo capitalista* (Rimini: Guaraldi, 2004), 8. Orig. *Fußballsport als Ideologie.* Frankfurt am Main: Europäische Verlagsanstalt, 1970.

[11] ERIC J. HOBSBAWM, op. cit., 3.

[12] ERIC J. HOBSBAWM, *Ivi.*

[13] ERIC J. HOBSBAWM, op. cit., 8, 295.

[14] ROBERT REDEKER, *Lo sport contro l'uomo* (Enna: Città Aperta, 2003), 89. Orig. *Le sport contre les peuples.* Paris: Berg International, 2002.

[15] KARL-WILHELM WEEBER, *Panem et circenses. La politica dei divertimenti di massa nell'antica Roma* (Milano: Garzanti, 1989), 111. Orig. Düsseldorf / Wien: Econ Verlag, 1983.

[16] ERIC J. HOBSBAWM, *passim.*

[17] ALAN TOMLINSON, GARRY WHANNEL, op. cit., 83.

[18] STEFANO PIVATO, *La bicicletta e il sol dell'avvenire. Sport e tempo libero nel socialismo della belle époque* (Firenze: Ponte alle grazie, 1992), 11.

Deporte y olimpismo

1. Ni el término ni el concepto de «Olimpismo» existían en la antigua Grecia;[1] se trata de una moderna caricatura del nombre de la ciudad de Olympia (Ολυμπία).

2. «Juegos Olímpicos» es la transposición inexacta de *«Olympiakoi Agōnes»* (Ολυμπιακοί Αγώνες), que en realidad puede ser traducido con mayor fidelidad como «competiciones olímpicas». Cabe pensar que la raíz de la palabra *(agōn)* es la misma del término «agonía», algo muy distinto de la alegre e inocente palabra «juegos».

    Las competiciones olímpicas no fueron los únicos eventos de su clase en la antigüedad, pero sí, ciertamente, los primeros en tener un alcance no local. Existen evidencias que los remontan al 776 a.e.c. si bien, con toda probabilidad, comenzaron incluso siglos antes. Duraron oficialmente más de un milenio y terminaron por diversas causas, en particular, fueron prohibidos por los emperadores romanos Teodosio *(Flavius Theodosius Augustus)* I y II respectivamente en 393 y 426 e.c. A pesar de haber resistido bastante tiempo después de la prohibición, la localidad de Olympia se vio afectada por múltiples desastres naturales (terremotos y maremotos), por causa de los cuales fue cubierta por ocho metros de tierra.

3. Incluso la simple atribución de «olímpicos» es de por sí engañosa, ya que ninguna edición moderna ha tenido nunca lugar en Olympia. Si no fueran simplemente una parodia de las antiguas, se podría hablar a lo sumo de competiciones «isolímpicas», como se llamaban todas las que se celebraban en otras localidades, pero que querían llevar el nombre de Olympia, el cual ya era célebre en todos los territorios con vistas a la cuenca mediterránea.

4. El nombre de «Olimpíadas», usado frecuentemente para indicar una edición de la competición, es erróneo. Las Olimpiadas son, con más precisión, un período de cuatro años comprendido entre dos ediciones de las competiciones «olímpicas» (de verano).

5. El deporte moderno es hijo de este fenómeno, el «olimpismo», que es el ejemplo más representativo de la invención de la tradición.[2]

6. Pierre de Frédy, barón de Coubertin, universalmente conocido como el padre del deporte por ser el fundador de los juegos

olímpicos modernos, en realidad no lo fue para nada. Lo que hizo fue sencillamente fundar una asociación llamada «Comité Olímpico Internacional» y, con el paso del tiempo, se autoproclamó el único restaurador de las olimpíadas.

En aquella época, la idea de hacer revivir los antiguos concursos olímpicos ya la habían planteado muchos y con mucha frecuencia, sobretodo en Inglaterra, Francia y Grecia. Por lo tanto, en realidad, hubo muchas personas antes que él que emprendieron el proyecto y lo llevaron a cabo.

Los verdaderos primeros juegos olímpicos de la era moderna fueron restablecidos en Athína en 1859, tres años y medio antes del nacimiento de Coubertin, que fue en 1863.

Progresando cronológicamente, ya entre 1601 y 1612 e.c., un abogado llamado Robert Dover organizó en Chipping Campden, en Inglaterra, los *«Cotswold Olimpick Games»* que incluyeron varios tipos de carreras, saltos, lanzamientos, luchas y antiguas prácticas campestres. El nombre revela una inspiración hacia la mitología clásica, cuyo interés, incluso por aquel entonces, iba creciendo. Estos juegos tuvieron ediciones anuales hasta 1642, se retomaron desde 1660 hasta 1852 y, de nuevo, desde 1966 en adelante.

En 1792 el político y revolucionario francés Charles-Gilbert Romme propuso la restauración de los juegos olímpicos, y en 1796, nada menos que cien años antes de la edición de Coubertin, se celebraron las *«Olympiade de la République»* con un enorme éxito se repitieron los dos años siguientes.

En 1832, durante el seminario *«Le Rondeau»* en Grenoble, Francia, se decidió dedicar el día adicional de febrero de los años bisiestos – cuatrienales también estos – a la organización de eventos deportivos llamados «Juegos Olímpicos».

En 1833, el poeta Panagiotis Soutsos propuso en una carta al gobierno griego el relanzamiento de los juegos olímpicos como emblema de la independencia y de la tradición del Estado recién creado.

En 1850, William Penny Brookes, médico inglés y defensor de la educación física, organizó en Much Wenlock, en Inglaterra, unos juegos deportivos de carácter anual llamados: *«Meetings of the Olympian Class»*.

En 1852, el arqueólogo Ernst Curtius declaró estar convencido de que los eventos olímpicos volverían a nacer.

En 1856, el magnate de origen griego, Evangelis Zappas, acogió la petición de Soutsos y financió personalmente el proyecto, por lo que, los primeros juegos olímpicos de la era moderna tuvieron lugar en Grecia, como se dijo, en 1859.

Ese mismo año, Brookes, influenciado por lo que estaba aconteciendo en Grecia, cambió el nombre de sus juegos a «Wenlock Olympian Games», los cuales tuvieron su primera edición en 1860. Los dos eventos, el de Grecia y el de Inglaterra, estuvieron en contacto a tal nivel que Brookes envió dinero para establecer del premio más importante.

En 1863, después de todo lo que ya había ocurrido, nació Pierre de Frédy barón de Coubertin.

Zappas murió en 1865 dejando su herencia a Grecia con el mandato de organizar las sucesivas ediciones de los juegos con esos fondos.

En 1866, Ernst Georg Ravenstein, John Hulley y William Penny Brookes fundaron en Inglaterra la «National Olympian Association» para la promoción de una serie anual de eventos deportivos inspirados en los de Much Wenlock. En esa sociedad básicamente clasista, no todos se mostraron favorables hacia unos juegos que, por voluntad de Brookes, tenían que estar abiertos a todos. Estas ediciones tuvieron inicialmente éxito solo en Londres y Birmingham, pero después del entusiasmo inicial se fueron apagando hasta que terminaron en 1883.

En 1870, los juegos olímpicos modernos se celebraron por primera vez en un estadio, el Panathinaikó de Athina, restaurado con las finanzas de Zappas.

En 1875, se celebró la tercera y última edición de los juegos olímpicos en la capital griega.

En 1888, cuatro años antes que el barón, otro francés, Jean-François Paschal Grousset, propuso el renacimiento de los juegos olímpicos, a los que quiso conferirles los valores de laicismo y progreso social y científico, además de luchar contra el oscurantismo religioso. Una concepción bien distinta de la del conservador Courbertin, quien, de hecho, se distanció de la misma.

Durante mucho tiempo, permaneció indiferente y contrario al espíritu filohelénico que influenciaba la Europa de ese tiempo, mas, sin embargo, se sentía atraído por los aspectos atléticos y educativos. Inspirándose en la derrota francesa en la guerra franco-prusiana, llegó a la conclusión de que los vencidos no tenían una condición física adecuada y se empeñó en llevar a cabo investigaciones para poner en marcha un sistema capaz de mejorarla.

Estos estudios no lo acercaron a Grecia, sino que lo volvieron abiertamente anglófilo. Particularmente, quedó fascinado por el uso del deporte con fines pedagógicos atribuido durante ese mismo siglo al Rector de la escuela de Rugby, Thomas Arnold. Visitó en diversas ocasiones Inglaterra, se enteró de lo que estaba aconteciendo en Much Wenlock y, entonces, se puso en contacto con Brookes para conocer de cerca el evento.

En 1890, Brookes invitó a Coubertin como huésped de honor a la cuadragésima edición de sus juegos. En el mismo año, después de haber visitado a Brookes, este escribió: «No era necesario invocar los recuerdos de Grecia ni buscar impulso en el pasado»[3] si bien en otros escritos reconoció parcialmente los méritos del médico inglés.

En 1894, Coubertin organizó un congreso en la Universidad de la Sorbona de París, durante el cual fundó el Comité Olímpico Internacional dándole la misión de hacer revivir los antiguos juegos olímpicos.

En 1895, murió William Penny Brookes.

En 1896, se celebraron los primeros juegos olímpicos en la versión de Coubertin en Atenas, en el estadio Panathinaikó.

Con el transcurso del tiempo, minimizó progresivamente y omitió deliberadamente lo que otros habían hecho por la restauración.

Es difícil explicar por qué la versión de Coubertin es la más longeva de la era moderna. Probablemente por un cruce de factores; después de tanta preparación y ayuda de otros, los tiempos eran «propicios». En otras palabras, se había creado un interés lo suficientemente vasto. Coubertin demostró luego ser un lobista y un comunicador verdaderamente hábil y, por lo tanto, fue capaz de desarrollar bien su invención de la tradición con un enorme sistema de ideas, símbolos, rituales y prácticas atléticas con un sabor antiguo, pero que, en realidad, jamás habían existido.

Los sensacionales descubrimientos arqueológicos en Olympia en el siglo XIX convirtieron a Grecia en el tema de moda, fascinante y al mismo tiempo desconocida. Por lo tanto, se dio cuenta de que podía atribuir a esa mítica Grecia sus propios ideales – heredados a su vez principalmente de la Inglaterra victoriana – y verlos legitimados gracias a esa connotación de historicidad y tradición antigua. Sin embargo, como apunta Pleket, el hecho de volver a celebrar las antiguas olimpíadas ha producido sobre todo una historia pésima.[4]

En realidad, el conocimiento y el vínculo de Coubertin con Grecia, así como su devoción, fueron superficiales y teatrales.[5] Únicamente fue allí cuando fue necesario para la organización de los juegos de 1896,[6] rehusó reiteradamente la petición legítima de los griegos de organizar el evento siempre en ese país y, en cambio, incluso intentó trasladarlos definitivamente a Suiza en 1918. No lo logró, pero la «Carta Olímpica» del Comité Olímpico Internacional todavía define la ciudad suiza de Lausanne como «Capital Olímpica»,[7] lo que es un concepto incomprensible y bizarro.

Las primeras ediciones de los juegos de Coubertin fueron sin duda absurdas e imprecisas. En particular, la segunda (París, 1900) y la tercera (Saint Louis, 1904) no estuvieron a la altura, no solamente por el hecho de estar incluidas dentro de dos exposiciones internacionales de comercio, sino, sobre todo, por el hecho de que los únicos eventos «significativos» fueron unos deplorables espectáculos racistas.

En 1900, algunos corredores de maratón se perdieron durante el trayecto y en 1904, cubrieron parte del itinerario en coche. No resultó mucho mejor para Londres en 1908, donde los corredores fueron capaces de cometer infracciones recíprocas durante la carrera o, en la primera en Atenas, donde un jugador de tenis británico participó en las competiciones solamente porque no lograba encontrar otro lugar donde poder jugar.[8] El tono grotesco de estas ediciones está explicado a fondo en un artículo periodístico italiano en el que el enviado dijo: «Italia está representada en el concurso internacional de París por los caballos Oreste, Melopo y Montebello…».[9]

En 1906, entre la III Olimpiada y la IV, se celebró una edición intermedia en Athina para celebrar el décimo aniversario del restablecimiento de los juegos en la capital griega. A diferencia de las dos ediciones anteriores, esta tuvo un gran éxito y, aunque Coubertin no lo quiso reconocer de manera oficial, los históricos concuerdan en decir que probablemente fue determinante en salvar los juegos de una nueva y mucho más rápida extinción.

7. Toda la retórica sobre el alardeado diletantismo griego no refleja de ninguna manera lo que ocurría en la antigüedad, sino más bien el deseo de la aristocracia de ese tiempo de mantener la distancia con las clases inferiores en la práctica deportiva. Se sostenía de hecho que, para permanecer fieles a los ideales de pureza heredados de la antigua Grecia, el deporte tenía que ser practicado solo por aficionados y no por profesionales. Sin embargo, era considerado «profesional», no solo quien era pagado por la práctica deportiva, como en la concepción actual, sino todo aquel que estuviera obligado a realizar cualquier labor para vivir. Los «aficionados» eran, por lo tanto, aquellos que no tenían necesidad de trabajar, es decir, los de las clases más altas.[10]

8. En Olympia nunca hubo ningún lema olímpico. *«Citius, altius, fortius»* — más rápido, más alto, más fuerte — nace durante los primeros juegos de la era moderna y fue acuñado en 1891 por Henri Didon, cura dominico y consejero espiritual de Coubertin.

9. El «mensaje olímpico»: *«L'important dans ces olympiades, c'est moins d'y gagner que d'y prendre part»*, — lo más importante en estas olimpíadas no es ganar, sino participar — es fruto de una serie de interpretaciones y citas erróneas, malentendidos y distorsiones.
En su momento, el poeta latino Ovidio *(Publius Ovidius Naso)* en su Metamorfosis del 8 e.c., hizo decir a su personaje derrotado por Hércules: *«Nec tam turpe fuit vinci quam contendisse decorum est»* (no es vergonzoso ser vencido como digno es haber combatido). De esta manera, Coubertin, en 1894, durante un discurso ante la Sociedad del Parnaso de Atenas afirmó: «No sería deshonorable ser vencido, pero sí lo sería no combatir» para estimular a los griegos, temerosos de que sus propios atletas pudieran perder.
Durante los juegos de London en 1908, el arzobispo americano Ethelbert Talbot ofició una misa para los atletas olímpicos en la Catedral de Saint Paul. Estaba preocupado por los enfrentamientos entre los estadounidenses y los británicos, así como por el culto a la victoria a toda costa que estaba evidenciando. Por lo que, en su homilía, citó la primera Carta a

los Corintios en una interpretación completamente distorsionada según la cual «los juegos en sí son más importantes que la carrera y el premio, y, si bien solo uno puede exhibir el laurel, todos participan de la misma alegría en la competición».

Una vez más, por lo tanto, todo se apoya en falsedades históricas. En realidad, Coubertin tenía una marcada personalidad muy diferente del espíritu benévolo y conciliador que emerge de la frase «Lo importante no es ganar, sino participar», por la que es habitualmente descrito.

10. El logo del COI, compuesto de los famosos cinco aros (los cuales, en una versión inicial, estaban entrelazados en una sola fila horizontal y después fueron recolocados) fue creado por el mismo Coubertin y se hizo público en 1914. Durante los juegos nazis de 1936, se hizo pasar como un símbolo antiguo encontrado en unos hallazgos arqueológicos en Olympia y Delphoi. Ninguno de los innumerables hallazgos relativos a estos dos sitios presenta, en realidad, nada que sea parecido. Sin embargo, esos sutiles aros representan bien la vacuidad de los buenos propósitos que queda al nivel de la propaganda, mientras que las acciones van lamentablemente en una dirección diametralmente opuesta.

11. El ceremonial por completo se ha construido en la época moderna. La llama o antorcha olímpica, sin duda una de las invenciones simbólicas de los juegos modernos, jamás existió. Fue una idea de Karl Diem (dirigente nazi) que fue introducida precisamente en los juegos de Berlín en 1936 y que jamás se retiró. Se trata de una torpe maniobra para tomar inspiración de la llama sagrada, que antiguamente estaba presente en los templos griegos, y de las lampadedromías o *lampadedromìa* (λαμπαδηδρομία), que no formaban parte de una ceremonia, sino de la carrera en sí (y en todo caso fue una de las pocas que ni siquiera se celebró en Olympia).

12. Aunque, a diferencia de lo que ocurre en las competiciones modernas, en la antigüedad se contemplaban también las competiciones musicales, nunca existió un Himno Olímpico. Este se inventó solo con los primeros juegos organizados por Coubertin en Atenas en 1896.

13. El film olímpico es otra herencia de la edición nazi de Berlín en 1936.

14. En la antigüedad, los premios de los olimpiónicos (es decir los vencedores en las competiciones olímpicas) eran simples coronas de olivo, a las cuales se agregaban toda una serie de beneficios, que variaban de caso en caso y, especialmente, con el tiempo, pero que incluían bienes de gran valor y múltiples ventajas, hasta al punto donde el atleta podía vivir a expensas de la comunidad representada.

    Entre la multitud de premios materiales que se proporcionaron a los atletas olímpicos, así como a los ganadores en las otras competiciones Panhelénicas, las medallas nunca fueron parte de los premios en la antigüedad. Se introdujeron en 1896, aunque al ganador del primer lugar se le daba plata y al segundo bronce.

    Las de oro se hicieron de metal puro solo en 1908 y en 1912. En realidad, solo contienen poco más que una centésima parte de oro. Principalmente son de plata y de cobre y valen, en las ediciones de los juegos olímpicos más generosas, sobre un tercio del salario mensual de un oficinista (en otras ediciones menos generosas, aproximadamente el salario de un día de trabajo), por lo que es más bien poco. Las de plata son sobre todo de este material (el resto es cobre) y, en todo caso, valen poco más de la mitad de la anterior, por lo tanto, muy poco. En cuanto a las de bronce, están hechas de bronce. Es decir, cobre y pequeñas cantidades de metales secundarios con un valor total de menos de un sándwich de uno de los patrocinadores principales.

15. La participación de los atletas (más de diez mil procedentes de más de doscientos países en las últimas ediciones) solo es universal en apariencia. El cuarenta por ciento de ellos proceden de solo diez naciones, las potencias más industrializadas.[11]

16. La Carta Olímpica se remonta únicamente a 1978 con un reglamento que no procedía del tiempo de la antigua Grecia, sino más recientemente, en 1908.

17. El programa de los deportes olímpicos sigue reglas arbitrarias y bastante mutables en el tiempo, hasta el punto de que las únicas disciplinas que nunca están ausentes se cuentan literalmente con los dedos de una mano.

    Desde 1912 hasta 1948, en los juegos olímpicos hubo competiciones artísticas (por ejemplo, de arquitectura, literatura, música, pintura y escultura), de modo similar a las antiguas competiciones que se celebraban en Olympia y, sobretodo, en

Delphoi, En los juegos olímpicos de Stockholm de 1912, el mismo Coubertin participó y ganó el concurso de «literatura deportiva» con el seudónimo de «Georges Hohrod y Martin Eschbach» y una obra titulada *Ode au Sport*.

Muchos deportes han salido del programa olímpico, algunos de estos se convirtieron en prácticas folclóricas, como el juego de la soga, otros simplemente cayeron en desuso, como el tenis real, y otros por considerarse muy «locales», como la pelota vasca, aunque hay algunos que son muy populares, como el rugby.

18. Notables son también las discrepancias, por ejemplo, la gimnasia no existe de hecho fuera de los juegos, mientras que el fútbol es una farsa en los juegos; desde 1952 hasta 1980, solo podían participar aficionados. En 1984 y 1988, pudieron participar también los profesionales (siempre y cuando no hubiesen disputado nunca un encuentro en los mundiales de fútbol). En 1992, pudieron participar todos los jugadores, independientemente del *estatus* de aficionado o profesional, siempre y cuando tuvieran menos de veintitrés años. Desde 1996 en adelante, se aplicó la misma regla, pero con la posibilidad de poner en el campo a tres futbolistas de edad superior.

19. La lucha en general tiene orígenes muy antiguos, pero la «greco-romana», una de las competiciones de los juegos olímpicos, a pesar del nombre, se remonta únicamente al siglo XIX.

20. Inclusive, aquello que parece ser el deporte helénico por excelencia, el «maratón», nunca existió en la antigüedad, ni siquiera en Marathonas, que es en realidad una ciudad de Grecia.

La referencia aquí es a la leyenda del mensajero griego Pheidippides durante la guerra entre griegos y persas cuando, después de haber recorrido distancias considerables, corriendo sobre el intransitable territorio griego y, sobre todo, después del último y más importante trayecto, desde la llanura de Marathonas hasta Athína para anunciar la victoria en 490 a.e.c., fue capaz de anunciar *«Nenikékamen»* (ganamos) y, exhausto, murió.

Por consiguiente, en 1894, el filólogo Michel Jules Alfred Bréal escribió a Coubertin sugiriéndole organizar una carrera con los mismos puntos de salida y destino, ya que tendría un toque antiguo interesante. Y agregó que, conociendo el tiempo que empleó el guerrero griego, habría sido posible que este estableciera un récord. Es especialmente emblemático el intento de evocar un «toque antiguo» y el deseo de encontrar un récord, aún antes de que hubiera un deporte. En este caso, Coubertin no negó nunca la paternidad de Bréal, pero, frente al enorme éxito de la idea, tampoco la enfatizó mucho.

Como si no fuera suficiente, hay una distorsión adicional en la tradición inventada. La distancia de 42,195 Km que todos conocen, y que los apasionados de esta disciplina recorren a duras penas, no es la mítica distancia entre las localidades helénicas. Simplemente se remonta a la edición moderna de London, en 1908, cuando el recorrido fue modificado para hacer un homenaje a los miembros de la realeza británica en el castillo de Windsor.

21. Durante tres siglos, las antiguas competiciones olímpicas se celebraron en un solo día, llegando hasta cinco en su momento de mayor desarrollo. En los primeros cincuenta años, se celebraba solamente una competición, el *stádion* (στάδιον), una carrera parecida a los actuales 200 m lisos.

    En la antigüedad no existían los deportes en equipo, ni tampoco las competiciones olímpicas invernales, que se introdujeron en la época moderna solo en 1924.

22. Paradójicamente, existen semejanzas entre los juegos olímpicos antiguos y los modernos y son también numerosas, pero son bien diferentes de las ostentadas por la propaganda como antigua herencia de los ritos paganos que se utilizaban en la antigua Grecia; el doping (que estaba disponible en esta época), la profesionalidad, la misoginia, el clasismo, las prácticas fraudulentas entre atletas, la corrupción en todos los niveles, el «periodismo» complaciente y corrupto (los epinicios), la excesiva importancia atribuida a tales festivales, intromisiones e instrumentalizaciones políticas, boicots, violencia, racismo, guerras, falsificaciones de los registros anagráficos y demás existían e incluso eran normales en la Grecia antigua. A menudo, se escogían tales eventos como sedes de protestas públicas; el filósofo griego Peregrinus Proteus, por ejemplo, se quitó la vida frente al público lanzándose al fuego durante los juegos olímpicos del 165 e.c.

    «Lo que mientras tanto se convirtió de doctrina a ciencia no ha podido, de hecho, alcanzar al público en general porque la ideología y la ignorancia de muchos líderes de opinión forman una barrera casi infranqueable. Para ellos, la Olympia de la antigüedad debe ser guardada en su aparente función de modelo: a toda costa, incluso a costa de una exposición arbitraria de la historia».[12]

23. El «Olimpismo» queda para la mayoría como un concepto confuso e incomprensible que, paradójica e irónicamente, deja perplejos sobre todo a los estudiosos más favor de su inventor. Estos estaban descontentos con el hecho de que él no diera a la idea «un soporte filosófico y teóricamente delineado»[13] o que «nunca se expresó al respecto de forma sistemática».[14] Los críticos, sin embargo, aceptan las descripciones del Olimpismo propuestas por Coubertin, una especie de «actitud mental», o afirmaciones tales como que «no es un sistema, sino un estado mental» y «el Olimpismo es por excelencia la glorificación de la juventud. Es glorificar a los jóvenes que se reunían cada cuatro años en la antigua Olimpia»[15] (lo cual es totalmente falso), teniendo una clara convicción de que siempre fue una palabra completamente vacía, a la que el barón dio valores y significados diferentes con el paso del tiempo, dependiendo de su conveniencia.

El mismo Olimpismo es luego catalogado como «movimiento», destinado esencialmente a la promoción de una filosofía de vida que es capaz de poner el deporte al servicio del desarrollo armónico de la humanidad y de la paz. En realidad, esta es una ideología imperialista que siempre ha demostrado funcionar de una manera particularmente óptima en ambientes autoritarios,[16] en contra de la dignidad humana y con efectos nulos y, a menudo, negativos en el proceso de paz entre los pueblos.

24. El guardián y promotor de los valores olímpicos es el Comité Olímpico Internacional (*International Olympic Committee*), un cuerpo supranacional privado con sede en Suiza y sujeto a las leyes de la legislación de ese país. Sin embargo, las reglas dictadas por esta organización privada son de carácter vinculante para todas las instituciones de los deportes internacionales y las instituciones nacionales, comités Olímpicos, federaciones deportivas y todo lo que tenga que ver con el deporte, ya sea público o privado. Por lo tanto, una asociación no inclusiva y no democrática (ya veremos por qué) es, de hecho, el gobierno mundial del deporte.

Históricamente, el comité ha estado compuesto por miembros que en general tienen poco o nada que ver con el deporte. Por el contrario, siempre ha contado con una gran presencia de ancianos de la aristocracia de todos los rangos: reyes, príncipes, duques, marqueses, condes, y, por supuesto, barones. Luego estaban los altos rangos militares, probablemente, los masones, los políticos y los grupos de presión. Incluso había algunos atletas (estrictamente orgánicos al sistema), mientras que las mujeres solo han estado presentes desde 1981, y siempre de forma muy limitada, lo que refleja la misoginia del fundador. Se trata de una organización que se autoproclama cerrada, ya que los miembros son nombrados (presentados y nominados por los demás miembros) y porque no tiene que dar cuentas de sus acciones (ejerce el poder sin responsabilidad).[17] Incluso las reuniones son privadas y segregadas. Sin embargo, no nos sorprende, en vista de la cantidad de casos judiciales y condenas ligados a los miembros bien documentados, que pueblan la prensa internacional y los libros dedicados al tema.[18]

El Comité Olímpico Internacional ha cambiado mucho con el tiempo desde un simple círculo de ricos esnobs – como era al principio – a una verdadera corporación de publicidad, comunicación y marketing de la industria del entretenimiento (deportiva).

Ya llegada la edición de 1920, los eventos cambiaron su connotación y asumieron una dimensión más amplia. El mismo Coubertin afirmó estar preocupado por el constante crecimiento del fenómeno y temía, por encima de todo, que el Comité Olímpico ya no fuera capaz de seguir correctamente su misión «educativa» original.[19] Negó la comercialización y el espectáculo como el fin último, y, probablemente, no le habría gustado su transformación en una organización centralizada y entregada a sí misma y a sus asuntos, que se burla de sus ideales.

Después de una vida viviendo en hoteles y absorbida por su misión, Coubertin murió en 1937 en relativa soledad y en la pobreza. De hecho, a él no le motivaba la avaricia y la codicia de la riqueza sino la búsqueda de la fama que alcanzó y que sigue teniendo más allá de sus propios méritos.

Lo que luego le sucedió a su criatura es el fenómeno conocido como «gigantismo olímpico», es decir, el temido crecimiento descontrolado de la magnitud del evento, especialmente en términos del impacto sobre el territorio, los costes y las consecuencias.

Desde la aparición de los medios de comunicación de masas, el Comité Olímpico se ha mostrado capaz de aprovechar las potencialidades, logrando, gracias al sistema del «deporte», un volumen de negocios sin igual.

Los eventos olímpicos sirven solo para las corporaciones y los gobiernos; no a los espectadores y mucho menos a los atletas.

Ni la designación de una ciudad para que sea sede de los juegos, ni la asignación de la misma convocatoria involucran a la gente que, por el contrario, son sujeto y víctima de las tácticas utilizadas para producir consenso.

Como ha sido ampliamente documentado en el curso de las últimas décadas, el proceso de asignación de los juegos ha sido objeto de clamorosos casos de corrupción; basados en sobornos y elegantes prostitutas ofrecidos a los miembros que visitan las localidades candidatas.

Cuando una ciudad, gracias a métodos lícitos e ilícitos, es proclamada sede de los eventos olímpicos, es presentada intrínsecamente a los especuladores. Quienes se regocijan no son los ciudadanos sino los empresarios y los políticos, los únicos en extraer un beneficio real.

Todos los grandes eventos tienen una estratagema astuta para la construcción de enormes sitios, cuyo fin es mover una importante cantidad de fondos públicos. Esto se facilita por el uso de atajos burocráticos impuestos por la urgencia de la «popularidad» aclamada de los eventos. Son, por lo tanto, un «caballo de Troya» para ejecutar proyectos y gastos, que de otro modo serían inaceptables para cualquier comunidad, tanto desde el punto de vista económico como ambiental.

Las manifestaciones, al igual que los juegos olímpicos, están en realidad diseñadas y promocionadas por limitados grupos políticos, económicos y financieros, enfatizadas por los medios de comunicación por conveniencia o, más frecuentemente, por simple ignorancia y son aceptadas benévolamente por la opinión pública. Esta, desinformada de los gigantescos costes sociales y económicos, no encuentra motivo para oponerse a lo que se presenta como una bella fiesta mundial, pero que, en realidad, es un modo de realizar enormes intereses que, de otra manera, serían inadmisibles.

Incluso un solo estadio olímpico de construcción reciente tiene costes que son realmente exorbitantes; es lo equivalente a la suma de los salarios promedio mensuales de varios cientos de miles de personas. Pero ¿cuántos, entre la población residente, practican deporte allí después del evento? Esto es válido para todas las instalaciones construidas en estas «ocasiones especiales», incluso cuando no han caído en el olvido. ¿En qué proporción pueden ser utilizadas por la ciudadanía? En porcentajes infinitesimales. En el mejor de los casos, son utilizadas para espectáculos de carácter deportivo y otros tipos de espectáculos.

Algunos de estos eventos son conocidos por haber puesto de rodillas a estados enteros. Conscientes de los riesgos, basándose en la experiencia de los demás, en 1984, los ciudadanos de Los Angeles se opusieron al financiamiento público de los juegos olímpicos, que, en esta ocasión, se sostuvieron con fondos privados. Algo similar ocurrió también en la carrera a la asignación de los juegos olímpicos de 2024, de la cual Toronto, Boston y Hamburg se retiraron por voluntad de sus sensatos administradores o de los ciudadanos objeto de la consulta. Es evidente que cuando se convoca un referéndum popular dando toda la información necesaria, la respuesta de los ciudadanos es decisivamente contraria. La mayoría de las veces, sin embargo, no tienen la posibilidad de expresarse, y se encuentran, muy a su pesar, en posición de sufrir las consecuencias.

Los gastos para Athína 2004 se multiplicaron con respecto a las previsiones, los de London 2012 crecieron hasta tal punto que tuvieron que recurrir a otros fondos públicos dedicados a servicios que, de otra manera, hubieran contribuido de verdad al bienestar de los ciudadanos.

Los eventos olímpicos, especialmente los invernales, se revelan como ocasiones para arruinar el medio ambiente sin necesidad de permisos especiales y, sobre todo, sin ni siquiera consultar la opinión de la ciudadanía que debería estar dispuesta a acoger y a «disfrutar» de estas celebraciones y de las infraestructuras concernientes posteriormente. Por el contrario, este poder se ejerce a la fuerza y cualquier voz discordante es silenciada. La aparente «importancia» del evento es utilizada como palanca para aniquilar cualquier restricción, regla o control que, en cualquier otra circunstancia, se cumpliría rigurosamente.

Los juegos olímpicos son esencialmente operaciones financieras hechas con dinero ajeno (de la población) para garantizar inmensas ganancias a un número muy limitado de beneficiarios.

Para financiar la mayor parte de la construcción de las instalaciones, llegan enormes cantidades de fondos públicos, administrados luego por los pocos que organizan el evento, es decir, por personajes que guardan los intereses de los grupos económicos más poderosos.

Buena parte de las entidades implicadas en el espectáculo deportivo de alto nivel son formalmente *sin ánimo de lucro*, sin embargo, tienen un volumen de negocios como el de las grandes corporaciones.

Durante la fase de la preparación y de rediseño ideológico de la ciudad, se pone en marcha un mecanismo salvaje donde se tiene que construir lo que se pueda en el menor tiempo posible. Los sitios de construcción están abiertos de día y de noche con sus trabajadores alojados en el lugar para que puedan estar siempre disponibles en el trabajo. La subcontratación y la explotación de la mano de obra para aumentar el margen de ganancia, con la consiguiente violación de los derechos humanos, constituyen la norma, así como los trabajadores pagados con un salario diario que es el equivalente a un kilo de pan.

Los derechos humanos son pisoteados, no solo por las prácticas explotadoras hacia quienes tienen la desgracia de tener que trabajar para la maquinaria olímpica, sino que cerca del inicio de los eventos, se efectúa una limpieza humana de toda la presencia de indigentes – a menudo niños – que normalmente se encuentran en cualquier ciudad, pero que durante los juegos deben ser borrados del mapa porque su vista turbaría el tono de la fiesta y dañaría la imagen de ficción que tan meticulosamente han diseñado. Para ello, en varias ocasiones se han utilizado vallas destinadas a cubrir barrios enteros y zonas urbanas, cuya pobreza extrema se considera igualmente incómoda y perjudicial para el clima de bienestar universal que se desea transmitir.

Detrás de las razones para una creciente necesidad de seguridad, las localidades están literalmente militarizadas, haciendo que los residentes se sientan como si estuvieran en estado de guerra.

Además de las deudas y del aumento de los gastos de alojamiento, el legado urbanístico de la planificación de estos eventos son ciudades asépticas, cada vez más parecidas a otras, como si estuvieran hechas con un molde. Los mismos estilos, las mismas cadenas de tiendas y restaurantes, ya que son obra de la misma mano y la misma fría ideología capitalista.

Transcurridas las dos semanas de locura colectiva, cerrado el «circo» y agotados los fondos, lo que queda es un ambiente violado, construcciones desoladas, lugares distorsionados e irreconocibles, instalaciones descomunales imposibles de mantener y utilizar, así como una deuda que se traduce en más impuestos que agobiarán a la población durante las próximas décadas.

En este punto, la enorme maquinaria destructiva se desplaza como un huracán hacia otra ciudad para trastornarla y recubrirla de construcciones.

Para ampliar la venta del producto, investigan luego de manera obsesiva «nuevos mercados» recurriendo a todos los medios posibles. Se legitiman países con problemas evidentes en lo que refiere a la cuestión de los derechos humanos, como en el caso de Beijing 2008; refiriéndose al mismo, el presidente de la Comisión Internacional declaró con entusiasmo que gracias a los juegos se abrirían al mercado más grande del mundo, China.

En esa ocasión se materializó la insignificancia de la dignidad humana ante el poder económico. En lugar de imponer un cambio real en el país en relación a los derechos humanos, el mundo entero no solo se adaptó, sino que se aprovechó del entorno favorable resultante de la explotación del trabajo humano.

Desde el punto de vista urbanístico, gracias al poder absoluto de los gobernantes chinos, se procedió a la destrucción de la parte antigua de la ciudad, acabando con los sectores vulnerables de la población solo porque residían en las zonas centrales, cancelando así sus lugares y sus historias.

En muchos casos esto ha hecho sin siquiera informar a los residentes, o más aún, usando palizas para acelerar los desalojos por parte de las empresas constructoras. Los más «afortunados» recibieron a cambio una suma insignificante y no negociable.

Los juegos olímpicos dejan detrás de ellos testimonios de las instalaciones que nunca fueron utilizadas por sus excesivos gastos de gestión o su simple inutilidad. Los países que han sido sede de estos eventos se han encontrado pagando deudas durante décadas, registrando, por otra parte, una caída en el crecimiento económico, el empleo y el turismo.

Justamente, el sector del turismo es el sector más ampliamente citado como uno de los principales destinatarios de los beneficios. La realidad es que, como se recoge de los testimonios de los afectados directamente, no solo durante los mega eventos no se verifican sensibles aumentos de visitantes, sino que, en la mayoría de los casos, se quejan de una disminución de los turistas «tradicionales», asustados por la avalancha de personas y por la subida de todos los precios.[20]

La perspectiva de empleo – que la escasez creada por el capitalismo ha convertido en un bien preciado – se enfatiza como otro gran beneficio adicional del evento. En realidad, se trata, por supuesto, de trabajos de duración muy limitada. Junto a estos trabajadores temporales, hay un verdadero ejército de voluntarios que, con su trabajo gratuito, garantizan a la organización una mayor tajada de la explotación, si bien en este caso es con consentimiento.

Para hacer frente a tanto desastre, cada uno de los países obtiene un «regalito», es decir, la posibilidad de celebrar un número más o menos grande de medallas triviales, por haber prevalecido en tantas competiciones deportivas sin considerar el hecho de haber perdido inevitablemente en la mayoría de las otras.

Detrás de la hipocresía de un falso apoliticismo y la promoción del pacifismo, resulta embarazosa la colusión y la connivencia que el Comité Olímpico Internacional ha tenido durante toda su historia con dictaduras de toda índole.

Coubertin escribió en una carta que no estimaba a Mussolini, pero que admiraba a Hitler intensamente como «guía de una nueva Europa y quizás de un nuevo mundo».[21]

Durante los juegos olímpicos de 1904, fueron organizadas igualmente las llamadas «jornadas antropológicas», es decir competiciones en las que ponían a competir a personas de etnias consideradas inferiores: pigmeos, amerindios, inuit, mongoles, con el objetivo de ridiculizarlos.[22]

Aún en 1942, la ley constitutiva del Comité Olímpico Italiano citaba: «Las tareas del Comité Olímpico Nacional Italiano (C.O.N.I.) son la organización y el fortalecimiento del deporte nacional y dirigir el mismo hacia el perfeccionamiento atlético, con particular énfasis hacia el mejoramiento físico y moral de la raza».[23]

El déspota rumano Ceaușescu y el búlgaro Živkov fueron incluso condecorados con la Orden Olímpica. Uday, hijo del tirano Saddam Hussein y notorio por su inclinación hacia la tortura, fue el presidente del Comité Olímpico Iraquí. Análogamente, Muhammad y al-Saʿādī, hijos del dictador al-Qadhdhāfī, fueron presidentes respectivamente del Comité Olímpico y de la Federación de Fútbol Libios.

25. Muchas analogías con el Comité Olímpico pueden observarse en sus federaciones deportivas más importantes, la *International Association of Athletics Federations* (IAAF) y la *Fédération Internationale de Football Association* (FIFA), cuyo mega evento, el Mundial de Fútbol, sigue el mismo sórdido guion.

A partir de su apogeo, la Federación Internacional de Atletismo resultó ser parte activa en los engranajes de la corrupción criminal y del doping a gran escala. En cuanto a la Federación de Fútbol Internacional, a pesar de su mismo lema, *«For the Game. For the World»* (por el juego, por el mundo), no opera ciertamente por el bien del mundo ni por el del juego del fútbol; reducida más o menos al rango de la lucha libre estadounidense: un espectáculo que todos saben que es planificado y montado, pero que, sin embargo, tiene un séquito de fans más bien amplio.

Los fraudes se hallan a la orden del día, desde aquellos para obtener los cargos de dirigentes, (ejercidos luego por tiranos anacrónicos), a aquellos para decidir el resultado de los encuentros en las reuniones. A estos se agregan los casos de nepotismo y sobornos para la asignación de eventos en los países de acogida, cuyos criterios parecen ser muy flexibles sobre la base de las necesidades del mejor postor. Un caso clamoroso es la edición de los mundiales de fútbol de 2022 en Qatar, cuando tras su victoria, el periódico *The Sunday Times* publicó[24] las pruebas de corrupción mostrando correspondencia y documentos bancarios.

El enorme giro de negocios y dinero alrededor del espectáculo deportivo más difundido del mundo pone naturalmente a este último en contacto con formas de criminalidad homogéneas (apuestas «deportivas») y heterogéneas (cárteles de la droga). Sin embargo, los dirigentes de la Federación de Fútbol Internacional han sabido alcanzar los niveles más bajos llegando a beneficiarse incluso de las desgracias de otros. Cuando algunos de ellos fueron arrestados por apropiación de los fondos destinados a Haití – víctima en 2010 de un terremoto que causó centenares de millares de víctimas – el fiscal general declaró: «El modo en el que estas personas han traicionado la confianza es de verdad intolerable, un grado de corrupción inconcebible».

26. Los dirigentes de las federaciones y comités Olímpicos no deberían tener puestos de trabajo externos en el mismo sector, pero la realidad es que muchos de ellos «colaboran» con empresas privadas patrocinadoras de los mismos eventos deportivos, creando un completo conflicto de intereses.

27. La estrategia del olimpismo consiste en la búsqueda perenne de nuevos mercados predispuestos posiblemente a la fructífera praxis de explotación de la pobreza, corrupción, represión, exceso de construcción y militarización.

28. En contraste con la ideología del Comité Olímpico, hubo también juegos antagonistas organizados por el movimiento internacional de los trabajadores. Estos se celebraron entre 1921 y 1937 (Praha, Frankfurt, Wien, Chicago y Barcelona, posteriormente trasladados a Antwerpen) obteniendo también buenos resultados.

29. Lo importante no es participar, sino obtener la máxima ganancia.

30. El olimpismo es la capital de tal grado de acumulación que se convierte en deporte mistificado.

31. Según el fundador del Comité Olímpico, «el deporte y la religión del exceso». [25] Una idea tan obtusa como profundamente peligrosa porque es la única idea del deporte que se ha dado al mundo.

NOTAS

[1] DAVID C. YOUNG, *The Modern Olympics. A Struggle for Revival* (Baltimore / London: Johns Hopkins University Press, 1996), 67.

[2] ERIC J.HOBSBAWM, TERENCE O. RANGER, *The Invention of Tradition* (Cambridge / New York: Cambridge University Press, 1983).

[3] DAVID C. YOUNG, *Further thoughts on some issues of early olympic history* (Journal of Olympic History, Fall 1998).

[4] MOSES ISRAEL FINLEY, HENRI WILLY PLEKET, *I Giochi olimpici: I primi mille anni* (Roma: Editori Riuniti, 1980), 125. Orig. *The Olympic Games: The First Thousand Years.* London: Chatto and Windus, 1976.

[5] John Lucas in DAVID C. YOUNG, op. cit., 72.

[6] DAVID C. YOUNG, op. cit., 59.

[7] INTERNATIONAL OLYMPIC COMMITTEE, *Olympic Charter* (Lausanne, 2011), 31.

[8] ALAN TOMLINSON, GARRY WHANNEL, *Five-ring Circus: Money, Power and Politics at the Olympic Games* (London: Pluto Press, 1984), 20.

[9] Vanni Loriga en GIUSEPPE BRUNAMONTINI, *Esercito e Sport. Dal gesto individuale del guerriero mitologico all'educazione sportiva dei giovani di oggi* (Bari: Laterza, 1989), 183.

[10] Para más detalles sobre el argumento, véase el capítulo "Deporte y trabajo".

[11] MAURO VALERI, *Stare ai giochi. Olimpiadi tra discriminazioni e inclusioni* (Roma: Odradek Edizioni, 2012), 6.

[12] KARL-WILHELM WEEBER, *Olimpia e i suoi sponsor. Sport, denaro e politica nell'antichità* (Milano: Garzanti, 1992), 11. Orig. *Die unheiligen Spiele. Das antike Olympia zwischen Legende und Wirklichkeit.* Zürich / München: Artemis Verlag, 1991.

[13] ROSELLA FRASCA (Ed.), *Religio Athletae. Pierre de Coubertin e la formazione dell'uomo per la società complessa* (Roma: Società Stampa Sportiva, 2007), 30.

[14] *Ivi.*

[15] ROSELLA FRASCA, *Il corpo e la sua arte. Momenti e paradigmi di storia delle attività motorie, da Omero a P. de Coubertin* (Milano: Unicopli, 2006), 210.

[16] Michael R. Real en JIM PARRY, VASSIL GIRGINOV, *The Olympics. A Critical Reader* (New York / London: Routledge, 2008), 232.

[17] ANDREW JENNINGS, *The New Lord of the Rings. Olympic Corruption and How to Buy Gold Medals* (London: Transparency Books, 2012), 61.

[18] ANDREW JENNINGS, *Look Who's Coming to London. Meet the Real International Olympic Committee* (London: Transparency Books, 2012).

[19] Deanna Binder en JIM PARRY, VASSIL GIRGINOV, op. cit., 391.

[20] EUROPEAN TOUR OPERATORS ASSOCIATION, *Olympic Report* (London, 2012).

[21] LOUIS CALLEBAT, *The Modern Olympic Games and their Model in Antiquity* (International Journal of the Classical Tradition, Vol. 4 n.4, Spring 1998), 555-566.

[22] BROWNELL, SUSAN (ed.), *The 1904 Anthropology Days and Olympic Games: Sport, Race, and American Imperialism* (Lincoln / London: University of Nebraska Press, 2008).

[23] Ley 16 de febrero de 1942 n. 426 *"Costituzione e ordinamento del Comitato olimpico nazionale italiano (C.O.N.I.)"*. Gazzetta Ufficiale n. 112 del 11.05.1942.

[24] Edición del 01.06.2014.

[25] PIERRE DE FREDY DE COUBERTIN, *Pédagogie sportive* (Paris: Crés, 1922).

Deporte y religión

1. La correspondencia entre deporte y religión es casi total. Para muchos, el deporte es lo que la religión debería ser y ciertamente, se puede considerar una nueva forma de religión, por lo tanto, es el «nuevo opio del pueblo».[1] Los efectos y las emociones colectivas producidas en los adeptos de los dos fenómenos son análogos. El autor partidario del deporte moderno, el mismo Coubertin, definió su espíritu y el sistema de valores subyacentes como *«religio athletae»*:[2] «Para mí, el deporte era una religión con iglesias, dogmas, culto [...] pero, sobre todo, un sentimiento religioso. [...] Hoy que alcancé y superé la edad en la que se pueden proclamar libremente las propias herejías, no tengo miedo de confesar este punto de vista».

2. El deporte perpetúa la representación de la dualidad típica de algunas religiones; en particular, la del zoroastrismo – una de las más antiguas – y del cristianismo, influenciado por el anterior y convertido luego en culto dominante.
    En la competición entre atletas o grupos, estos son, por lo tanto, identificados por los espectadores-fieles, a través de mecanismos normalmente subjetivos, como el «bien» y el «mal» en su eterna lucha.

3. El actual uso de copas en la ceremonia de premios proviene de la antigua Grecia. Los poemas de Homero y las numerosas pinturas sobre ánforas y vasos son testigos de que los soportes metálicos de tres pies para calderas u otros recipientes se ofrecían principalmente como obsequio a los dioses y a los atletas victoriosos.

4. La terminología que describe las características de los dos fenómenos es la misma;[3] se habla de sacrificio, castigo, idolatría, devoción, fe, milagros y rituales.

5. Las comunidades precolombinas de Mesoamérica practicaban el *Ōllamaliztli*, un antiguo «juego de pelota» de carácter marcadamente religioso (y algunas veces sustitutivo de la guerra). Dos grupos de atletas se encaraban frente al sacerdote en un frontón y, como es posible observar en las tallas encontradas, al final, algunos de los participantes eran sacrificados a los dioses – según las reglas preestablecidas – mediante la decapitación.

6. En el comportamiento predatorio de las primeras estructuras de la sociedad – compuestas por manadas de jóvenes acostumbrados a raptar mujeres con quienes no compartían parentesco – Ortega y Gasset vio características y analogías que lo llevaron a teorizar sobre el «origen deportivo del Estado».[4] Cierto es, en todo caso, el *origen religioso del deporte*. Las competiciones atléticas de la antigüedad, que inspiraron el deporte actual, constituyeron, de hecho, la culminación de las celebraciones religiosas dentro de las cuales estas tenían lugar, y el sacrificio (esta vez no capital) que se contemplaba en ellas es el mismo que se encuentra como valor fundamental del deporte moderno.

7. Ambas tienen un calendario de celebraciones bien planificado.

8. La naturaleza cíclica de las estaciones deportivas es similar a la de las estaciones naturales que dieron origen también a las supersticiones que luego se convirtieron en religiones estructuradas. Durante mucho tiempo, el calendario común que marcaba la vida de las poblaciones se basó en las Olimpiadas, empezando con la primera, datada en 776 a.e.c.

9. El Papa Juan Pablo II, uno de los pontífices más incisivos sobre la historia política, declamó: «En Corintios, donde Pablo había llevado el anuncio del Evangelio, había un estadio muy importante en el que se disputaban los «juegos ístmicos». Por lo tanto, para estimular a los cristianos de esa ciudad a esforzarse en la «carrera» de la vida, el apóstol hace referencia apropiadamente a las competiciones de atletismo»[5] y en la misma homilía, agregó: «Cada cristiano es llamado a convertirse en un atleta válido de Cristo». En efecto, Pablo de Tarso (*Paûlos/Paulus*, conocido como san Pablo) usó la metáfora deportiva para transmitir su mensaje en la «Primera carta a los Corintios»: «¿No saben que los que corren en el estadio, todos a la verdad corren, pero solo uno lleva el premio? Corran de tal manera que lo obtengan».[6]

10. Religión y deporte tienen héroes y leyendas que celebrar y, en todo caso, cada «simpatizante» está convencido de que su propio lado es el que está en lo «correcto».

11. Ambos cultos tienen edificios y lugares dedicados, como iglesias, mezquitas, sinagogas e instalaciones deportivas, considerados todos de alguna manera «sagrados» y en los que celebrar las respectivas funciones.[7] Puede pasar que, con el paso del tiempo,

los unos ocupen el lugar de los otros. Por ejemplo, la basílica de San Pedro, en el Vaticano, se erigió en la mitad del siglo XVIII e.c. sobre el circo cuya construcción fue comenzada por el emperador romano Calígula (*Gaius Caesar*) y culminada por Nerón (*Nero Claudius Caesar*) alrededor de la mitad del primer siglo e.c. El obelisco que se encontraba en el centro del circo es el mismo que aún puede admirarse en el centro de la Plaza San Pedro frente a la misma basílica del Vaticano.

12. No es extraño que los lugares de culto deportivo lleven el nombre – sea por razones directas o indirectas – de figuras religiosas, como los santos. El estadio de Napoli, por ejemplo, es llamado «San Paolo» para celebrar el presunto primer arribo del misionero cristiano a Italia.

13. Ambos cultos tiene una vasta maquinaria de suvenires y objetos que simbolizan la devoción, capaces de mantener vivo lo sagrado después de una peregrinación.[8]

14. En el deporte moderno, es también común comprobar las referencias directas o indirectas a la religión; la cruz, por ejemplo, está presente en innumerables emblemas. Asimismo, existen sociedades deportivas que representan declaradamente una confesión. Emblemático es el caso de Glasgow en Escocia, donde los dos equipos de fútbol más valorados del país tienen una orientación religiosa diferente; los Rangers (protestantes) y los Celtic (católicos).

15. Ambos son administrados por organizaciones estructuradas y rígidamente jerarquizadas.

16. Ambos son capaces de hacer participar a grandes masas de personas, y algunos deportes, como el fútbol, tienen un número de fieles muy parecido a los de una de las religiones más seguidas del mundo e incluso una difusión mucho más heterogénea que cualquier otro culto.

17. Aun siendo una religión, el deporte no es incompatible con las religiones tradicionales y, de hecho, le es – en particular el catolicismo romano – complementaria y funcional. Coubertin provenía de una familia ardientemente católica que, al educarle con los Jesuitas, lo había orientado hacia una carrera eclesiástica. Deportes, como el baloncesto y el vóleibol, nacieron en organizaciones cristianas (en ambos casos en la YMCA, asociación juvenil masculina cristiana), cuyos miembros

difundieron en el mundo el nuevo juego, llevando su mensaje religioso. Rimet, fundador de la Copa Mundial de Fútbol (que por mucho tiempo llevó su nombre), alegaba que el deporte, y de manera particular el fútbol, era el mejor sistema para difundir las «virtudes cristianas»[9] por el mundo, una misión llevada a cabo más tarde también en Brasil (y más allá) por los llamados *«Atletas de Cristo»*. En efecto, precisamente la Copa Mundial de Fútbol, observó Comte, es una asamblea universal con toda la humanidad concentrada alrededor de un cáliz (concretamente la copa Rimet) que los ganadores – así como lo hacen los sacerdotes durante las misas – levantan hacia el cielo.[10] Pero de esta ceremonia, replica Redeker, «no desciende ningún mensaje espiritual o cultural, ninguna esperanza para la humanidad, ninguna promesa de mejoría de su condición. Se celebra solamente el culto de las marcas publicitarias y la ley del más fuerte».[11]

18. Defensores y participantes, creyentes y funcionarios religiosos, practican rituales de diferente naturaleza para sentir que tienen control sobre lo que les ocurre, para creer que pueden encontrar un refugio ante las adversidades y alejar la desventura.

19. Los atletas recurren a menudo a plegarias, gestos de devoción, talismanes, amuletos y otras supersticiones antes de un partido. La coexistencia de varias formas de superstición, tal como el uso de los ritos supersticiosos así como de los propios preceptos de cualquier confesión, parece ser considerado aceptable y un tanto normal. Para Bertrand, el campeón mismo «no es más que la imagen de Cristo magnificado en su martirio redentor»[12] en lo que podría ser considerado – y así se hizo durante mucho tiempo en la historia humana – el castigo del cuerpo como objeto de tentaciones y pecados.

20. El deporte moderno abraza los peores aspectos de la religión: prejuicios, irracionalidad y fanatismo.

21. El fanatismo que se encuentra en los dos ámbitos supera los límites. Sin embargo, es más fácil de esperar un cambio de las creencias religiosas que de las deportivas.

22. Dentro del deporte – así como en la religión – los practicantes/seguidores se diferencian según la pertenencia a las disciplinas/sectas, y cada una de ellas se caracteriza por tener sacerdotes y rituales propios.

23. La vaguedad del Olimpismo, que es la base del deporte moderno, refleja la vaguedad de las religiones.[13] Siempre se trata de tener que creer ciegamente en cosas que están en conflicto con la razón y por las cuales se mueven grandes cantidades de dinero.

24. Ambos son básicamente inútiles y contraproducentes para los pueblos.[14]

25. La superstición – un elemento esencial en ambos casos – es la mejor manera de gobernar a las masas.[15]

26. El deporte y la religión contribuyen, aunque de diferentes maneras, a mantener el statu quo. El primero garantiza una distracción constante de las masas, la segunda induce a la aceptación pasiva de la injusticia social que caracteriza la vida terrenal, prometiendo un bono diferido en una ilusoria «otra vida».

Ambos son útiles solo para la ideología dominante, que es la de la clase gobernante. Reorganizar la religión deportiva como la felicidad ilusoria del pueblo es exigir su verdadera felicidad.

NOTAS

[1] JEAN-MARIE BROHM, *Sociologie politique du sport* (Nancy: Presses Universitaires de Nancy, 1992), 18. Orig. Paris: Éditions Universitaires, 1976.

[2] PIERRE DE FRÉDY, DE COUBERTIN, *Mémoires olympiques* (Lausanne: Bureau International de Pédagogie Sportive, 1931), 102.

[3] DANIEL L.WANN, MERRILL J. MELNICK, GORDON W.RUSSELL, DALE G. PEASE, *Sport fans: The psychology and social impact of spectators* (New York / London: Routledge, 2001), 198.

[4] JOSÉ ORTEGA Y GASSET, "El origen deportivo del Estado" (1924), *Obras Completas*, Vol. II (Madrid: Ed. Taurus, 1963).

[5] IOANNES PAULUS PP. II, *Giubileo degli sportivi*, 29 ottobre 2000.

[6] 1 Cor. 9:24.

[7] La intercambiabilidad entre la iglesia y el estadio como lugar de culto está bien representada por la posibilidad de celebrar, en este último, funciones como el matrimonio, que históricamente pertenecen a la primera.

[8] Slowikowski & Loy, 1993 en Alan G. Ingham in RICHARD GIULIANOTTI (ed.), *Sport and Modern Social Theorists* (Basingstoke: Palgrave Macmillan, 2004), 27.

[9] JOE HUMPHREYS, *Foul Play: What's wrong with Sport* (London: Icon Books, 2008), 48.

[10] Auguste Comte in ROBERT REDEKER, *Lo sport contro l'uomo* (Enna: Città Aperta, 2003). Orig. *Le sport contre les peuples*. Paris: Berg International, 2002, 13.

[11] *Ivi.*

[12] Ginette Bertrand en PIERRE LAGUILLAUMIE, *Sport & repressione* (Roma: Samonà e Savelli, 1971), 89. Orig. *Sport, culture et répression*. Paris: Maspero, 1968.

[13] Lamartine DaCosta en JIM PARRY, VASSIL GIRGINOV, *The Olympics. A Critical Reader* (New York / London: Routledge, 2008), 70.

[14] http://headtale.com

[15] Baruch de Spinoza en JEAN-MARIE BROHM, *La Tyrannie sportive. Théorie critique d'un opium du peuple* (Paris: Beauchesne, 2006), 227.

Deporte y trabajo

1. El deporte encuentra el verdadero motivo de su existencia en el carácter lúdico, improductivo y en el bienestar que puede sustraerse de su práctica. Sin embargo, lo que se presenta como tal, en realidad no trae ninguno de estos aspectos consigo. Como actividad realizada por diversión o distracción, el deporte moderno es y representa exactamente lo contrario.

2. En los orígenes del deporte moderno de carácter olímpico, existía una prohibición clasista hacia la práctica, la cual se consentía solo a los «aficionados», considerando tales solo aquellos que no realizaban ningún trabajo porque no lo necesitaban para vivir. Se trataba de una solapada artimaña para excluir a las clases inferiores de las competiciones, basándose, por otra parte, en una suposición completamente falsa; aquella según la cual los atletas de la antigua Grecia eran aristócratas que se dedicaban a las competiciones exclusivamente por *kalokagathìa* (καλοκαγαθìα) y *areté* (ἀρετή), por lo tanto, un ideal de perfección externa e interna y de excelencia. Un noble espíritu que sería luego degenerado entre el siglo V y el IV a.e.c. a causa del advenimiento del «profesionalismo». Esta tesis fue desarrollada por el Comité Olímpico y sostenida públicamente por Brundage, uno de sus presidentes más notorios (y discutidos).

En cambio, se sabe que nunca hubo un «advenimiento» del profesionalismo porque este asunto era consistente en los deportes antiguos.

Al tratar de desmontar pedazo a pedazo el falso mito del amateurismo en el atletismo griego, Young[1] incluso llegó a delinear admirablemente tres versiones confusas y contradictorias sobre la definición de «aficionado» que se han propuesto con el tiempo:

Un amateur es un atleta que no obtiene ganancias económicas del deporte; cualquiera que lo haga es un profesional. Un amateur dedica poco tiempo al deporte y tiene una carrera breve; un profesional se entrena constantemente y tiene una larga carrera. Un amateur es un «noble» de nacimiento o, en todo caso, pertenece a la clase socio-económica más alta; un profesional es un atleta de la clase trabajadora.

Aun así, la misma palabra *«athlétés»* (ἀθλητής) ha significado siempre literalmente: «aquel que compite por un premio» mientras que los antiguos griegos nunca supieron lo que era el concepto de «amateur» y, por lo tanto, tampoco tuvieron una palabra para definirlo.

Fue interpretada por los ideales victorianos y efectuada por los estudiosos clasistas de la época (Gardiner sobre todo), que permitieron que la antigua Grecia fuera usada «para dar una lección al hombre moderno».[2]

En realidad, participaron fueran nobles o no, y todos aceptaron premios.

3. Las prácticas que pueden incluirse entre las cosas agradables, como la actividad deportiva, cuando se llevan a cabo por obligación y sin espontaneidad, dejan de ser un placer y se convierten en un deber para el que, a su vez, son paradójicamente necesarios momentos de ocio. Antes que ser una alternativa al trabajo, el deporte moderno se presenta exactamente como la «continuación del trabajo» (Adorno). Los atletas profesionales en alguna disciplina, de hecho, practican en su tiempo libre un deporte completamente diferente.

Huizinga observó en su «Homo ludens» que «La actitud del jugador hacia la profesión deja de ser una verdadera actitud lúdica; la espontaneidad y la idea de pasatiempo ya no valen para él. Poco a poco, en la sociedad moderna, el deporte se aleja de la esfera pura del juego y se convierte en un elemento *sui generis*; no es un juego, pero tampoco seriedad» y que «si bien es importantísimo para participantes y espectadores, solo queda una función estéril donde muere el factor lúdico más tradicional».[3]

Posteriormente Caillois[4] define los juegos en general (y la mayor parte de los deportes lo son), como actividades libres de obligaciones, desarrolladas en tiempos dedicados a ellos, con un resultado incierto, que están sujetos a disposiciones entre los participantes, ficticios con respecto a la vida normal y, sobre todo, improductivos en términos materiales y económicos.

Nos encontramos entonces frente a un deporte moderno que de juego pasa a ser la «reproducción obligada del juego»,[5] que suena tan inhumano como podría ser, por ejemplo, tener que realizar un acto sexual por obligación.

4. Cuanto más profundo es el nivel de participación en la organización deportiva, mayor será la cercanía con la vida laboral. El concepto es obvio para los mismos atletas, los cuales son los primeros en emplear la palabra «trabajo» cuando hablan de su actividad.

5. Aun estando dentro del «tiempo libre», es extremadamente difícil para la población practicar deporte por puro placer, fuera de los esquemas ideológicos preconcebidos que proporcionan una reglamentación con todas las ataduras resultantes.

6. En un sistema capitalista, el deporte pertenece a la industria del entretenimiento y representa su mayor componente.

7. Como cualquier otro trabajador, el atleta sirve para crear plusvalía y valor para los propietarios de la mano de obra, quienes muestran y venden publicidad respectivamente a los espectadores y anunciantes. El tiempo de entrenamiento de un atleta de alto nivel equivale, y es tal vez superior, al tiempo de trabajo (medido comúnmente en horas/hombre). En ambos casos se requieren tiempos de ejecución cada vez más cortos que acompañan al trabajador productivo y al atleta exitoso. Ambos intercambian su mano de obra por un salario, y la contraparte espera un retorno económico de sus inversiones.

8. Los atletas, que en su mayoría viven la restricción del deporte-trabajo, ven la victoria como un simple cumplimento de un deber. Comúnmente, los trabajadores, en un sentido amplio, parecen satisfechos de su misma condición porque han interiorizado la represión.

9. La carrera en el mundo deportivo es muy breve e intensa por los evidentes límites biológicos. Esto permite en raras ocasiones que el atleta se procure también una preparación cultural y laboral alternativa. Esto impone al trabajador deportivo acumular tanto dinero como sea posible – con frecuencia ocultándolo ilegalmente al fisco – para enfrentarse a un futuro muy incierto cuando esté fuera «de escena». Quien no lo logra necesita un plan de reinserción laboral, tal como ocurre a los ex presidiarios de largas condenas.

10. Detrás de la hipocresía del (falso) amateurismo deseado por las clases más elevadas, rige hoy un profesionalismo encubierto. El sistema deportivo mantiene una fachada de aparente pureza pretendiendo que todo lo que se realiza no es trabajo. Pero en el

deporte nada es lo que parece, así, si los atletas de alto nivel no aparecen como trabajadores, los que realmente trabajan en el ámbito deportivo deben conformarse con recibir compensaciones a menudo entregadas en forma de reembolso de los gastos y subsidios, y han de encontrar un segundo trabajo, esta vez «oficial».

11. Incluso en las empresas que operan fuera del ámbito deportivo, las prerrogativas inherentes a la competitividad, trabajo de equipo, subordinación y ejecución de las órdenes son bien recibidas e incentivadas.

12. El ambiente deportivo rígidamente organizado presenta tantas analogías con el laboral que parece una perfecta duplicación. Existen los colegas/compañeros de equipo, cada uno con un rol y un salario basado en el rendimiento individual y el del equipo. Hay una organización piramidal con una división de tareas tayloristas. No fue casualidad que el propio Taylor estableciera comparaciones con el deporte para exponer sus teorías. Los principios de organización científica, basados en la racionalización del ciclo productivo, fueron adoptados a través de la descomposición y fragmentación de los procesos de producción en cada uno de los movimientos constitutivos efectuados por los obreros para alcanzar el máximo rendimiento. A estos movimientos se les asignaban tiempos estándar de ejecución.

La mecanización del trabajo deportivo prevé el aprendizaje motor por parte del atleta de los movimientos más eficaces y eficientes con el fin de producir el mejor rendimiento realizable con las capacidades biológicas en términos de milímetros, fracciones de segundo u otras formas de rendimiento. Esto ocurre en principio a través de la repetición obsesiva de cada una de las partes más sencillas y simples en las que son divididas para luego poder ser ejecutadas entera y correctamente en secuencia. Esto se aplica también a los deportes de equipo, en los que, aparte de las cualidades individuales, se hace necesario el estudio y el ensayo de los esquemas «del juego». Tales secuencias estereotipadas de operaciones fraccionadas representan el modo en el que los atletas son, de hecho, «programados» para la producción del espectáculo con un motivo deportivo, que el público percibe como «deporte».

13. El obrero y el deportista deshumanizados y mecanizados se convierten en «complementos de un proceso productivo que no les pertenece»[6] y en meros ejecutantes de ese conjunto de medios aprendidos para cumplir una acción motora (técnica)[7] del modo más eficaz.

La concepción del ser humano como una herramienta idónea para cumplir funciones (levantar, lanzar, empujar y demás) con el rendimiento más alto posible exige – aunque con raras excepciones – una férrea selección, clasificación y jerarquización en base a las características morfológicas.

14. Las típicas transposiciones del mundo del trabajo al trabajo deportivo son la división de las tareas – bien representadas por los deportes de equipo – y la especialización, por efecto del cual el atleta si quiere estar a la altura, no debe especializarse en una disciplina, sino más bien en una «especialidad» única, que requiere un entrenamiento científico y constante.

Los gerentes y líderes de diferente nivel se ocupan de la parte organizativa, y a los simples trabajadores/atletas se les requiere su fuerza laboral. Esta repetitividad contribuye ulteriormente al proceso de transformación del hombre en máquina.

Al igual que en los campos deportivos, en las fábricas, en particular en aquellas donde está presente el trabajo en una cadena de montaje, el suelo también está delimitado por líneas de colores que indican el área de trabajo/juego y hay carteles iluminados idénticos a los de las competiciones atléticas. En vez del rendimiento atlético, se muestra el rendimiento en términos de producción; por lo general, de temporización y cantidad.

Para las figuras de atleta y trabajador hay un calzado y una vestimenta específica, a veces producidos por las mismas empresas que patrocinan al atleta de *élite* con sumas astronómicas para vender a las masas de humildes trabajadores.

15. El concepto de trabajo es presentado en el deporte y a través del deporte siempre desde una perspectiva positiva.

En un sistema depredador basado en la escasez, el esfuerzo profuso del atleta-héroe evoca y exalta el expresado en el trabajo, considerado, en cualquiera de sus formas (alienante, inhumano y deshumanizante, frustrante, mal pagado, degradante) un bien precioso e indiscutible, la máxima aspiración y razón de ser del hombre.

16. En el análisis de Bucciarelli sobre el deporte como fenómeno de alienación o de liberación, las relaciones están caracterizadas por dos aspectos: el contractual – aquel por el cual los hombres están vinculados entre sí más por costumbre que por comunión – y el competitivo, en el que cada uno es el competidor del otro.[8] Las mismas relaciones se encuentran en la esfera laboral, donde los individuos se encuentran juntos por una obligación contractual sin que tenga que ser de su agrado o una elección recíproca, y se fomenta simultáneamente la competición entre ellos.

NOTAS

[1] DAVID C. YOUNG, *The Olympic Myth of Greek Amateur Athletics* (Chicago: Ares Publishers, 1984), 182.

[2] *Ibídem*, 76.

[3] JOHAN HUIZINGA, *Homo ludens* (Torino: Einaudi, 1949), 231. Orig. *Homo ludens. Proeve eener bepaling van het spel-element der cultuur*. Haarlem: H.D. Tjeenk Willink, 1938.

[4] ROGER CAILLOIS, *Les jeux et les hommes. Le masque et le vertige* (Paris: Gallimard, 1958).

[5] *Ibídem*, 10.

[6] PIERRE LAGUILLAUMIE, *Sport & repressione* (Roma: Samonà e Savelli, 1971), 51. Orig. *Sport, culture et répression*. Paris: Maspero, 1968.

[7] GEORGES VIGARELLO, *Culture e tecniche dello sport. Gesti, strumenti, materiali, organizzazioni: un'antropologia dei fenomeni sportivi nella società contemporanea* (Milano: il Saggiatore, 1993), 16. Orig. *Une histoire culturelle du sport*. Paris: Éditions Robert Laffont, 1988.

[8] CLAUDIO BUCCIARELLI, *Lo sport come ideologia: alienazione o liberazione?* (Roma: AVE, 1974), 104.

Deporte y entretenimiento

1. Lo que se hace pasar como la única forma de deporte es en realidad su negación total. Se trata evidentemente de un «deporte de espectadores» organizado por una verdadera industria del entretenimiento. Cuanto más se desarrollen los eventos en un contexto capitalista, se vendan como deporte de alto nivel y asuman un mayor alcance, más alejan de ser deporte y se acercan más al ámbito del espectáculo en todos los sentidos.

2. Los mega-eventos, como los juegos olímpicos y el Mundial de Fútbol, son los mayores eventos sedentarios *no deportivos* del mundo dado que, por cada atleta que compite, hay millones de personas sedentarias mirándolo en una transferencia duradera atleta (deportista activo) – espectador (deportista pasivo). Son precisamente esos «millones de deportistas sentados» de los que habla Provvisionato, los cuales, en lugar de un deporte para todos donde sean protagonistas de su propia actividad, reciben un «deporte» pasivo,[1] es decir, capaz de dar solo satisfacciones compensatorias por vidas no vividas, permitiendo incluso a los «perdedores», las víctimas de una sociedad marcadamente depredadora, la efímera sensación de haber ganado.[2]

3. El espectáculo deportivo y el practicado son inversamente proporcionales. Las poblaciones más afectadas por el primero son menos propensas a realizar una actividad física regular y acaban sufriendo las consecuencias.

4. Los «deportes» no son solo una forma de espectáculo, sino que es el espectáculo por excelencia, y su éxito es multifactorial. Ante todo, goza de una propaganda como ningún otro; todos son sometidos a un condicionamiento ambiental del cual es difícil de escapar para una integración armoniosa en la sociedad. La omnipresencia, los calendarios de cada disciplina están copados de encuentros oficiales que cubren cada momento del año. En raras excepciones, se organizan «encuentros amistosos» cuyo objetivo es el mero entrenamiento, experimentar soluciones técnicas y, sobre todo, obtener fondos en giras pagadas exactamente como las de las estrellas del espectáculo musical. La cobertura mediática es tan extraordinaria que el número de empleados en la estela de los eventos pueden superar al de los atletas involucrados. Así es que ocurre que las cadenas emisoras,

gracias a la presencia de múltiples canales de televisión – algunos de los cuales dedicados exclusivamente al espectáculo deportivo – llegan a transmitir más horas de deporte de las que hay en la vida real. Si bien efímero, el espectáculo deportivo tiene el beneficio de prestarse a una celebración común: fácilmente comprensible, ulteriormente simplificado por los incontables comentarios y reconstrucciones de supuestos expertos; la diversidad de la vida real; la capacidad de suscitar muchas y diversas emociones. Su punto fuerte, comparado con la mayoría de los otros espectáculos, es la incertidumbre del final, incluso con el conocimiento de que nunca es realmente el final. Un atleta o un equipo, ganen o pierdan, nunca se somete a la victoria o derrota definitiva como resultado de una serie continua de un sinfín de giros y vueltas.

5. Desde los juegos olímpicos de Roma de 1960, el deporte moderno pasa de ser un espectáculo «en vivo» a convertirse oficialmente en un género televisivo. La difusión cubrió por primera vez unos veinte países, mientras que hoy alcanza más de doscientos.

   A través de esta abominable fusión – que debería ser antiética – entre dos elementos, televisión y deporte, se pone en marcha una gran campaña mundial de mala educación física y deportiva.

6. Los acontecimientos históricos, que marcan el mundo, casi desaparecen detrás de la frecuencia y la intensidad de la comunicación relativa a los eventos deportivos.

7. Simbólicamente, el productor de las ceremonias olímpicas con motivo de los juegos de Barcelona 1992 las definió como «el mensaje publicitario más extenso de su carrera».[3]

8. Como cualquier otra publicidad, lo que más importa es el número de espectadores. Es por esto que sus números se inflan incluyendo los «potenciales», que simplemente se encuentran en una zona con acceso a la televisión o que por casualidad vieron solo una parte del evento. Se pone todo en una misma olla para que puedan parecer cifras importantes, como las que sobrepasan el billón que son declaradas por lo general con motivo del Mundial de Fútbol o de los juegos olímpicos.

9. Los espectadores en vivo y los que disfrutan del espectáculo a través de los medios cumplen dos funciones bien distintas:

Los primeros, si bien representan solamente una parte insignificante de la taquilla, son importantes por la contribución gratuita y en realidad se les paga por la creación de una atmósfera solemne. Por esto son esenciales, a veces tanto como los atletas en el campo, para el buen éxito del evento y, emblemáticamente, en las ocasiones más importantes, el público y los atletas se fotografían recíprocamente. La ausencia de público representa, por lo tanto, un problema sobre todo de imagen y, cuando esto ocurre, se toman medidas ridículas de inmediato para resolverlo, instalando en los estadios semivacíos siluetas de espectadores que, desde el ángulo de las cámaras, dan una apariencia de normalidad y no revelan la escasa importancia del partido o incluso con la difusión del ruido de una multitud inexistente a través de los altavoces. Buena parte del público que aún participa físicamente, aparte de un espectáculo, busca un lugar donde a su vez puedan «exhibirse» como lo hace la mayor parte de la animación organizada, pacífica o no, pero también la improvisada, que tiene espíritu de carnaval.

Los segundos son fundamentales dado que garantizan la consecución de un alto rendimiento. La función determinante de estos últimos fue evidente en 2005 cuando, con ocasión del Campeonato Mundial de Esquí en Bormio, en Italia, una enorme carrera de slalom se anuló por la imposibilidad de que la televisión la transmitiera en directo a causa de una huelga de los técnicos de grabación.

10. Cuando se asiste a un espectáculo deportivo en persona, uno se da cuenta inmediatamente de que se encuentra, de hecho, en la escena de un espectáculo televisivo de ficción sobre un *reality* (deportivo).

11. En el mega-evento principal del país capitalista por antonomasia, los Estados Unidos de América, es posible identificar la esencia del concepto del deporte capitalista. La llamada *Super Bowl*, la final que otorga el título de campeón de la liga profesional de fútbol americano, es un encuentro donde el sello de los atletas traiciona el carácter violento, diluido en un mar de publicidad, exaltación, espectáculos de otra naturaleza como música y bailes, todo rematado con el obligado nacionalismo. La naturaleza del evento, que dista mucho de ser deportiva, se refleja en el hecho de que

este es el segundo día en el que más alimentos se consumen en los Estados Unidos después del *Thanksgiving Day*.

12. Significativamente, el «deporte profesional» está combinado con el trabajo del espectáculo a nivel de seguridad social y de legislación laboral en muchos países.

13. Análogamente a cualquier otro género televisivo, también el espectáculo deportivo se somete al análisis de la cuota de audiencia, a través de la cual, las empresas involucradas pueden conocer y captar el interés del público. La misma información, combinada con la capacidad de una disciplina de atraer publicidad, determina la admisión o la expulsión del deporte que cuenta. Entre las víctimas más conocidas de una televisión tan gastable (además de por su naturaleza anacrónica) está la lucha, una de las disciplinas más antiguas de la historia humana y de importancia primordial en los antiguos juegos en los que la maquinaria olímpica pretende inspirarse.

14. Existe una jerarquía no oficial entre las prácticas deportivas, algunas tienen una difusión y un seguimiento a escala internacional que las lleva a ser consideradas más importantes que las que están circunscritas a nivel puramente local. Hasta aquí no hay nada nuevo, pero la jerarquía de la que hablamos no sigue para nada tal lógica, sino más bien la del atractivo del espectáculo producido. El fútbol es un ejemplo sencillo de deporte de importancia primordial, pero lo es sobre todo por su calidad de entretenimiento, dado que, incluso en los países en los que es más amado, tiene un número de practicantes igual y a veces incluso inferior al *fitness*, que, en cambio, (al no tener valor como espectáculo) no está ni siquiera reconocido oficialmente como deporte.

15. Así como existen deportes en declive, nacen unos nuevos productos de la combinación entre medios de comunicación y empresas que buscan promocionarse. Estos pueden ser variantes más espectaculares de disciplinas ya existentes o prácticas completamente nuevas, pero lo que importa es la presencia de una fuerte carga espectacular.

16. La evolución tecnológica de los medios de comunicación ha llevado a una convergencia sustancial entre la industria del espectáculo deportivo y la del videojuego. La primera integra imágenes reales con otras de realidad virtual; la segunda ha

alcanzado tales niveles de realismo que cada vez es más difícil distinguir una de la otra.

17. El predominio de la comunicación de masas en el deporte moderno, está demostrado de manera inequívoca por los cambios en los reglamentos que cada disciplina ha sufrido. El espectáculo exige tiempos inequívocos para que la programación pueda ser respetada y pausas para poder insertar la publicidad. Ante las exigencias de los medios, también se sacrificó el calendario que incluía la contemporaneidad de los encuentros. Debido a la fragmentación de más horas del día y en más días, el espectáculo deportivo ha llenado cada posible vacío y los telespectadores pueden alimentar constantemente su dependencia. Los aficionados al deporte, como «consumidores emocionalmente involucrados»,[4] representan una tipología de clientes particularmente valiosos para las empresas. Teniendo como característica primaria la fidelidad, se prestan más o menos inconscientemente a que se aprovechen de ellos.[5] Como en palabras de Turano, «una fiebre es una enfermedad y algunas personas mueren por las enfermedades, mientras que otros se enriquecen con ellas».[6]

18. El culto del campeón-estrella del espectáculo deportivo corresponde a un menosprecio del propio ser, la identificación con ello es una triste despersonalización del yo.

19. Después de una carrera relativamente breve para casi todos los atletas, independientemente de la disciplina, la aspiración de aquellos que, a pesar de haber alcanzado los máximos niveles no lograron garantizar unos ingresos adecuados, es aprovechar su popularidad deportiva para reciclarse en el cercano mundo del entretenimiento y la publicidad.

20. El lenguaje deportivo es constantemente excesivo y enfatizado para incrementar la percepción de la importancia de aquello que no puede tener. Representa obsesivamente en secuencias de velocidad y desde diferentes ángulos los movimientos técnicos más espectaculares para hacerlos «épicos». Acentúa las diferencias y las divisiones entre «buenos» y «malos», «nosotros» y «ellos» para polarizar las emociones del público. Por último, proporciona estadísticas continuas sobre el rendimiento de los protagonistas perpetuando la obsesiva cuantificación del desempeño.

21. En el espectáculo deportivo valen las mismas dinámicas de deterioro relativas al espectáculo cinematográfico y bien descritas por Silvano Agosti;[7] cada ser humano nace con una creatividad agresiva, extraordinaria y única que es aniquilada en función de una aceptación más cómoda. El aparato del poder inventa al «deportista» alguien que tiene una combinación de características que le permite estar por encima de las masas. Estas últimas son lamentablemente merecedoras solo de una infinita compasión porque como patrimonio pequeño, miserable y humillante tienen la libertad residual de aplaudir.

NOTAS

[1] SANDRO PROVVISIONATO, *Lo sport in Italia. Analisi, storia, ideologia del fenomeno sportivo dal fascismo ad oggi* (Roma: Samonà e Savelli, 1978), 73.
[2] GERHARD VINNAI, *Il calcio come ideologia. Sport e alienazione nel mondo capitalista* (Rimini: Guaraldi, 2004), 18. Orig. *Fußballsport als Ideologie*, Frankfurt am Main: Europäische Verlagsanstalt, 1970.
[3] Michael R. Real en JIM PARRY, VASSIL GIRGINOV, *The Olympics. A Critical Reader* (New York / London: Routledge, 2008), 230.
[4] NICOLA PORRO, *Sociologia del calcio* (Roma: Carocci, 2008), 85.
[5] JOE HUMPHREYS, *Foul Play: What's wrong with Sport* (London: Icon Books, 2008), 165.
[6] GIANFRANCESCO TURANO, *Fuori gioco. Calcio e potere. Da Della Valle a Berlusconi, da Preziosi a Moratti. La vera storia dei presidenti di Serie A* (Milano: Chiarelettere, 2012), 7.
[7] TURRINI, DAVIDE, *Silvano Agosti: Il cinema è in agonia e gli spettatori mi fanno una pena infinita*, Il Fatto Quotidiano, 7 luglio 2016.

Deporte y poder

1. El espectáculo deportivo siempre ha sido el mejor aliado del poder establecido. Este contribuye de manera determinante a la aceptación y al mantenimiento del statu quo en la relación opresor–oprimido, es decir, al ejercicio principalmente represivo del poder que una reducida clase dominante ha quitado a la población.

2. «La historia enseña, pero no tiene alumnos»[1] escribió Gramsci. El uso político de los eventos competitivos se remonta a los tiempos de las *Polis* en la antigua Grecia, pero es en la Roma imperial cuando estas se convierten en un instrumento fundamental de gobierno con múltiples funciones. De hecho, consentían a los emperadores tantear la popularidad de sus medidas entre el público–pueblo y, al igual que los saturnales (fiestas religiosas precursoras del carnaval), representaban una válvula de escape para el descontento popular y la consiguiente agresividad. Además, constituían un momento de contacto con los súbditos y un modo de influenciarlos con la idea de tener voz de alguna manera en la vida pública. Según las palabras de Carcopino: «Un pueblo que bosteza está maduro para la revuelta. Los Césares no querían que la plebe romana bostezara ni de hambre ni de aburrimiento: los espectáculos fueron la gran diversión en la ociosa vida de sus súbditos y, por consiguiente, el firme instrumento del absolutismo».[2]

    Tal práctica, como lo documentó escrupulosamente Weeber,[3] no escapó a la dura crítica de los escritores y oradores de la época. La más contundente fue la de Juvenal *(Decimus Iunius Iuvenalis)*, a la que llamó *«panem et circenses»*[4] (pan y juegos [circenses]). Estas concesiones tenían el fin de que el pueblo renunciara al poder y a sus derechos; pero también Plinio el Joven *(Gaius Plinius Caecilius Secundus)*, Tertuliano *(Quintus Septimius Florens Tertullianus)* y, sobre todo, Séneca *(Lucius Annaeus Seneca)* no dejaron de constatar el entusiasmo general por los espectáculos que Livio *(Titus Livius)* llegó a definir como «insoportable locura».

    Por aquellos tiempos, aún no estaba desarrollado todo el aparato simbólico capaz de inculcar un sentido de pertenencia, como ocurre en el espectáculo deportivo actual. Sin embargo, por primera vez en las manifestaciones circenses *(ludi circenses),* se introdujeron cuatro colores diferentes para distinguir las *factiones* (equivalentes a los equipos actuales), invitando a los espectadores a apoyar a una de ellas. A las dos primeras; la *albata* (de color blanco, simbolizaba el invierno) y la *russata* (de color rojo, representaba el verano) les siguieron la *prasina* (verde, que por supuesto evocaba la primavera) y la *veneta* (de color azul, que simbolizaba el otoño). A estas se les unieron más tarde la *purpurea* y la *aurata* (respectivamente de color púrpura y oro). El impulso a animar a las rivalidades y a los enfrentamientos entre los seguidores de las *factiones* rivales fue notable, ya que apoyar un color inmutable era infinitamente menos exigente que seguir a cuadrigueros y caballos, los cuales inevitablemente cambiaban con el tiempo.

En la relativa breve vida del deporte moderno, esto ha asumido todas las funciones ya absueltas en la antigüedad y siempre ha servido como apoyo, cómplice, instrumento de propaganda y distracción de los nuevos regímenes totalitarios.

El fascismo supo aprovechar estas grandes potencialidades transformando el orgullo y la pertenencia provenientes de las victorias futbolísticas del equipo de fútbol nacional en consenso político, además de crear la imagen del deportista por excelencia en torno al jefe y, por consiguiente, una especie de superhombre.

El nazismo reconoció su eficacia propagandística e hizo uso del mismo durante mucho tiempo. Los juegos olímpicos de Berlín de 1936 ofrecen un amplio espectro de su aplicación, y el mismo Hitler no dejó escapar la oportunidad de proclamar personalmente su inauguración frente al mundo.

Después de la masacre ocurrida el 2 de octubre de 1968 en Ciudad de México – en donde las protestas estudiantiles antigubernamentales fueron reprimidas por el ejército descargando ráfagas de ametralladoras sobre los manifestantes y simples paseantes – el Comité Olímpico ignoró lo acontecido y permitió que, de todas maneras, comenzara el espectáculo.

El dictador de la República Democrática del Congo, Mobutu, logró acoger en Kinshasa el esperado encuentro para el título mundial de los pesos pesados de boxeo entre George Foreman y Muhammad Alí.

Los regímenes militares sudamericanos, por ejemplo, los de Castelo Branco, Pinochet Ugarte y Videla, explotaron de lleno tal instrumento. Durante los Mundiales de Fútbol de 1978 en Argentina, la junta militar del general Videla estuvo en condiciones de ejercer toda su violencia, incluso a pocos metros del estadio, y gracias a los éxitos del equipo nacional de fútbol (sobre los que también hubo fuertes sospechas de corrupción) pudo consolidar su dictadura. Los brasileños legitimaron y consolidaron la unidad nacional a través de la construcción de estadios y la disputa de un gran número de espectáculos deportivos.

Regresando a Europa, el general Franco no solo proclamó la inauguración de los juegos en España, sino que además dio el discurso de apertura del 63° congreso del Comité Olímpico Internacional junto a su presidente Brundage, [5] y los líderes políticos nacionalistas de las repúblicas ex-yugoslavas utilizaron el deporte para crear consenso en los proyectos separatistas.

El último presidente de Corea del Sur de origen militar, Roh Tae-woo, inauguró los juegos olímpicos de Seúl, los únicos celebrados en ese país.

Desde hace mucho tiempo, el régimen capitalista y comunista chino ha emprendido programas masivos destinados exclusivamente a la obtención del mayor número posible de medallas. Siendo la demostración de superioridad a través del mejor posicionamiento en el cuadro de medallas el único objetivo de cada competidor, algunos de ellos hacen cualquier cosa con tal de conseguirlo. Los niños son separados de sus propias familias y sometidos a una vida dedicada exclusivamente a entrenamientos en disciplinas por las cuales no tienen ningún interés y que, a menudo, ni siquiera se han practicado históricamente, pero que, basándose en estudios específicos, tienen más probabilidad de ganar.

Incluso las monarquías menos inclinadas a las manifestaciones deportivas han tenido que acercarse para aumentar su consentimiento, así como las pseudo «democracias occidentales», cuyos gobernantes ven en el deporte un importante elemento de comunión con el pueblo.

3. El espectáculo deportivo no es solamente el medio de comunicación más importante, [6] sino también un evidente fenómeno geopolítico. Los nuevos países se anuncian ante los

pueblos del mundo a través de su equipo de fútbol nacional, adquiriendo rápidamente reconocimiento y legitimación.

4. Asistir a los espectáculos deportivos está muy lejos de ser una actividad libre. La adquisición de una simple entrada comporta toda una serie de prohibiciones cuya aplicación, de hecho, despersonaliza a su poseedor, reduciéndolo a lo que realmente importa, sus meras funciones de espectador, parte de una coreografía televisiva y, por supuesto, consumidor.

5. La represión y la violación de las libertades individuales se originan también al tratar de defender los intereses comerciales y las enormes inversiones de los patrocinadores. Por ejemplo, la Carta Olímpica establece expresamente la prohibición de cualquier forma de publicidad o manifestación religiosa o política, no solo en los lugares de las competiciones, sino también en las áreas adyacentes, que en ningún caso deberían permitirse puesto que son públicas. A esto se agrega la prohibición de consumir productos diferentes a los de los patrocinadores y se prohíbe cualquier manifestación en contra de estos eventos – si de alguna manera se pueden ver con malos ojos – incluso en sus propias casas.

6. El espectáculo deportivo constituye, junto a la cultura del trabajo, que a su vez refleja y alimenta, uno de los dos pilares que sostienen el sistema dominante.

El engaño relativo al trabajo es aquel por el cual, a pesar de los enormes progresos tecnológicos que hacen que cualquier trabajo sea mucho más eficaz, la duración del tiempo promedio efectivo de trabajo se mantiene en un tercio del día. Este sobreempleo de parte de la población causa escasez de trabajo (y sobre todo de los salarios que se consiguen) y, por lo tanto, necesidad de dinero. Es así como algo generalmente desagradable (incluso un deber) es percibido como precioso y anhelado. Cuando terminan de trabajar, las personas vaciadas de sus propias energías físicas y mentales tienen que dedicar el poco tiempo y las fuerzas que les quedan a las incumbencias de la vida cotidiana, dejándolas solo el deseo de poder desconectar mente y cuerpo lo antes posible.

Esta función es ejecutada por el espectáculo deportivo, el arma de distracción de masas más insidiosa y poderosa, a través de la producción de consenso, control y despolitización social porque se consideraba universalmente positiva y estaba por encima de cualquier sospecha. Ayuda a descargar la frustración y favorece la apatía, la resignación de las masas y la renuncia al pensamiento crítico. Tanto el practicante como el espectador son constantemente adoctrinados a respetar las jerarquías y a someterse a las clases sociales y a las instituciones dominantes, que así perpetúan la propia hegemonía. La esclavitud total y la aceptación acrítica ocurren cuando el aparato ideológico logra hacer interiorizar e identificar a las personas con el sistema de normas que se les ha impuesto.[7] Como decía Bourdieu: «la forma de poder más eficaz es aquella que aparece a quien la padece como el orden natural de las cosas» y, por lo tanto, uno se encuentra moviéndose «libremente», pero dentro de una lógica de esclavitud.[8]

Los deportes crean una aparente «identidad de intereses entre dominadores y dominados»[9] que no solo impide hostilidades y reivindicaciones, sino que incrementa la inequidad y el abismo entre las dos categorías. Cuanto mayor es la distancia económica y cultural entre las clases, mayor es el nivel de implicación emocional y la euforia de los menos pudientes hacia el fenómeno deportivo.

Incluso Chomsky denunció muchas veces en sus publicaciones que al pueblo se le ofrece algo en lo que ocuparse carente de importancia y, sobre todo, la ilusión — tal y como ocurría en la Roma imperial — de participar en cuestiones de importancia colectiva.

Por lo tanto, los ciudadanos privados abiertamente de un tiempo valioso por el trabajo y, engañosamente, por el entretenimiento, son despojados eficazmente de la soberanía política.

7. No es raro que los atletas de élite, a la par que los artistas que no forman parte del espectáculo deportivo, sean nominados para cargos políticos al finalizar sus carreras gracias a su popularidad. En ambos casos, se trata una vez más de una artimaña taimada para traer votos a los respectivos partidos a través de lo que en jerga política llaman «idiotas útiles».

8. No sorprende entonces que todas las instituciones jerarquizadas exalten el espectáculo deportivo por estos motivos. La Iglesia por ejemplo, en palabras del Papa, sostiene que «El deporte [...] previenen las desviaciones del culto al cuerpo [...] ayudará, sobre

todo, a convertir en ciudadanos amantes del orden social y de la paz».[10]

NOTAS

[1] ANTONIO GRAMSCI, *Italia e Spagna*, Ordine Nuovo, 11 marzo 1921, anno I, n.70.

[2] JÉRÔME ERNEST JOSEPH CARCOPINO, *La vita quotidiana a Roma all'apogeo dell'Impero* (Roma / Bari: Laterza, 1971), 239. Orig. *La vie quotidienne à Rome à l'apogée de l'Empire*. Paris: Hachette, 1939.

[3] KARL-WILHELM WEEBER, *Panem et circenses. La politica dei divertimenti di massa nell'antica Roma* (Milano: Garzanti, 1989), 7 y sig. Orig. *Panem et circenses*. Düsseldorf / Wien: Econ Verlag, 1983.

[4] Hubo un tiempo en que el pueblo, por medio de plebiscito, elegía generales, jefes de estado, comandantes de legiones, pero ahora se ha retirado a su cascarón, solo desea dos cosas: pan y juegos.

[5] COMITÉ INTERNATIONAL OLYMPIQUE, *Bulletin of the International Olympic Committee*, Lausanne, 1965, 64.

[6] MARC PERELMAN, *Sport barbaro. Critica di un flagello mondiale* (Milano: Medusa, 2012), 50. Orig. *Le sport Barbare. Critique d'un fléau mondial*. Paris: Michalon Éditions, 2008.

[7] GERHARD VINNAI, *Il calcio come ideologia. Sport e alienazione nel mondo capitalista* (Rimini: Guaraldi, 2004), 124. Orig. *Fußballsport als Ideologie*. Frankfurt am Main: Europäische Verlagsanstalt, 1970.

[8] CLAUDIO BUCCIARELLI, *Lo sport come ideologia: alienazione o liberazione?* (Roma: AVE, 1974), 57.

[9] ULRIKE PROKOP, *Olimpiadi dello spreco e dell'inganno* (Rimini: Guaraldi, 1972), contraportada. Orig. *Soziologie der Olympischen Spiele. Sport und Kapitalismus*. München: Carl Hanser, 1971.

[10] IOANNES PAULUS PP. II, *Udienza a Castelgandolfo*, 11 ottobre 1981.

Deporte y capitalismo

1. El deporte moderno, que nació en Inglaterra con la revolución industrial, es exportado al mundo como las mercancías y con las mercancías, y la deportividad de las naciones va de la mano de su industrialización. Por este motivo, las ciudades portuarias son las primeras donde florecen las sociedades deportivas y, más en general, las capitales industriales y comerciales lo serán también del deporte.

2. Así como el capitalismo es solo el sistema económico dominante, pero no necesariamente el mejor para la sociedad, las prácticas competitivas son consecuentemente dominantes más no necesariamente las mejores. Esto sucede porque estas difunden un modelo conflictivo de relaciones humanas en las que el objeto prevalece sobre el sujeto y cada uno piensa en sí mismo contra todos los demás.

3. En la configuración del deporte capitalista, las personas capaces de realizar un espectáculo que puede despertar el interés en el mercado, son contratadas por las empresas que se asegurarán de vender dicho espectáculo producido en vivo y, sobre todo, a través de los medios de comunicación de masas. En los casos más avanzados, las empresas deportivas llegan a poseer cadenas de televisión o viceversa. Gracias a la consecuente notoriedad será luego posible vender también espacios publicitarios y recibir patrocinadores perpetuando el binomio: «extracción del superávit del capital / acumulación». El descubrimiento de esta enorme capacidad de comercialización del espectáculo deportivo ha llevado a la omnipresencia y omnipotencia del capital en el deporte.

4. Ya durante los juegos olímpicos de Helsinki en 1952, se lanzó el primer programa de marketing ligado al evento e incluso durante los juegos de Tōkyō en 1964, se comercializó una marca de cigarrillos llamada «Olympia».[1]

5. Esto del patrocinio del deporte capitalista es un mecanismo tan importante como sutil. El espectador-consumidor, manipulado a nivel emocional, absorbe de modo mucho más intenso en el contexto de la publicidad del espectáculo deportivo que en ningún otro. El espectáculo deportivo se revela, por lo tanto, como el contenedor ideal en el que introducir publicidad

comercial. El escaso esfuerzo intelectual que se requiere para esta tipología de espectador permite, de hecho, una asimilación más fácil de los mensajes publicitarios que, en cambio, perderían eficacia si fueran observados durante programas capaces de estimular la inteligencia.

Además, se explota de lleno la imagen del deporte como sinónimo de positividad, salud, despreocupación, energía, diversión y juventud. Quienes se aprovechan de esto son por lo tanto empresas que principalmente tienen necesidad de revelar como presentables productos que no lo son: alimentos y bebidas (alcohólicas o no) poco sanos que no deberían tener nada en común con los deportes practicados (pero que tienen mucho que ver con aquel visto en la TV), bancos y sociedades financieras, aseguradoras, fabricantes de coches, compañías petroleras y de gas o, en cualquier caso, empresas que buscan benevolencia en el territorio, así como empresas de cualquier tipo que buscan siempre la asociación positiva con el deporte para limpiar su imagen.

6. Los cinco anillos olímpicos son obviamente una marca registrada y sobreprotegida, la más conocida del mundo, precediendo a la corporación más famosa de sándwiches.

7. A finales del siglo XX, los clubes profesionales empiezan a cotizar en bolsa. Las sociedades deportivas de alto nivel son en todos los sentidos empresas que tienen como único objetivo obtener lucro[2] de la venta de su producto deportivo ante las masas de consumidores. Por extensión, también los cargos de las mayores federaciones deportivas y de los Comités Olímpicos están ocupados principalmente por dirigentes y funcionarios industriales.

8. La compraventa de atletas, que ocurre incluso subdividiéndolos en partes porcentuales (a fin de permitir la gestión en acuerdos de propiedad conjunta reduciendo así el riesgo empresarial), se presenta como una forma moderna de «mercado de ganado».

9. En el deporte capitalista, los atletas de élite son, de hecho, sociedades unipersonales[3] que operan tanto en el espectáculo deportivo, así como en sectores comerciales diferentes y a menudo distantes. Algunos incluso cotizan en bolsa, donde el valor de las acciones oscila según un conjunto de factores tangibles e intangibles tales como el rendimiento, los ingresos, la

duración de la carrera y, en general, la percepción del éxito que el profesional logra transmitir al mercado. Esto es evidente en el deporte moderno a nivel individual y se da menos en los deportes de equipo. Si bien ante los ojos del espectador hay grupos de atletas más o menos bien compenetrados, en los niveles más altos, es en realidad la empresa individual, cuyos beneficios dependen también de la bondad de la colaboración (resultados de las competiciones) y de las dinámicas de las jerarquías internas relacionadas (algunos atletas asumen el status de «estrella» y obtienen más que todos los demás, que terminan siendo subordinados).

10. Ejemplificando los «casos de éxito» de algunos atletas de élite que tienen orígenes humildes y han alcanzado el éxito y el dinero, el deporte capitalista transmite un mensaje distorsionado y engañoso de una sociedad «justa», según el cual, la oportunidad de mejorar de vida está al alcance de cualquiera. En realidad, por cada caso de este tipo, hay un número incalculable de personas que lo han intentado en vano e, incluso entre los atletas de éxito, aquellos que no han logrado administrar bien las ganancias de una breve carrera, después de haber sido exprimidos, terminan viviendo en la pobreza más completa.

11. Las empresas de baloncesto estadounidenses líderes en el sector han llegado a transformar más ciudades buscando un número de público (clientes) mayor, justo como lo hacen las compañías circenses.

12. Los espectáculos deportivos automovilísticos, así como las «caravanas» de bicicletas, soportan campañas publicitarias diseñadas para promover las respectivas industrias, causando que los compradores de modelos «estándar» sueñen ser como los pilotos de los modelos de las competiciones.

13. Otro motivo por el cual se «invierte» en el espectáculo deportivo, se representa por la fama inmediata, la legitimación pública y la posibilidad de comunicarse incisiva y gratuitamente con las grandes masas a través de los grandes medios de información, todos orgánicos al sistema.

14. Con motivo del centenario de los primeros juegos de la versión de Coubertin, la decisión de no asignar el evento a la sede lógica de Atenas, sino a la ciudad estadounidense de Atlanta, histórica patrocinadora del evento, donde se encontraba la multinacional

de las bebidas azucaradas, tuvo una gran repercusión entre los fieles del presunto idealismo olímpico.

15. La omnipotencia del capitalismo en el deporte está bien representada también por la asignación de uno de los dos principales mega-eventos: la fase final de los mundiales de fútbol a Qatar, que no tiene ninguna tradición futbolística, no tiene un clima compatible y, sobre todo, no reconoce los derechos fundamentales del ser humano. Sin embargo, posee seguramente lo que más vale en el deporte moderno.

16. La prensa deportiva, que hace de cajón de resonancia y adoctrina todos los días a la población con esta ideología deportiva, vive bajo el ala protectora de las organizaciones industriales.

17. El deporte moderno es un formidable dispositivo para que se movilicen enormes cantidades de dinero público y la consecuente especulación a través de las interminables obras de construcción que se erigen. Además de tales crímenes contra la población, se añaden otros aún más graves; según denuncia Amnistía Internacional, la construcción de las instalaciones para los mundiales de fútbol involucra a millones de esclavos, y muchos de ellos acaban muriendo.

18. Tanto la práctica deportiva como la participación pasiva en los espectáculos deportivos reciben y reproducen la lógica clasista del sistema en el que se desarrollan. La mayoría de las prácticas requiere gastos considerables en términos de equipos, inscripciones y lecciones. En cuanto a los espectadores, los diferentes sectores en los que las instalaciones son segmentadas engloban, por lo general, la subdivisión de la sociedad fundamentada sobre lógicas económicas.

19. Incluso fuera del mundo deportivo, existe la misma idea equivocada de que el capitalismo perpetúa su hegemonía como sistema económico, no ciertamente debido a su eficacia, sino más bien por la ilusión, cultivada por la mayoría, de poder acceder a la riqueza como algunos logran hacerlo.

20. El sistema del espectáculo deportivo necesita de inyecciones de dinero continuas y masivas que, sin embargo, no son nunca suficientes. Por esto se mantiene con vida «artificial», drenando los recursos públicos destinados a otras medidas (incluso el deporte de base) más importantes a favor de la población. Es por este mismo motivo que hay un sector en el que todo es de pago,

incluso el ver partidos que no forman parte de los torneos oficiales (los así llamados «partidos amistosos», dado que, en los otros, todos son enemigos) o entrenamientos banales y aburridos.

21. El capitalismo ha conseguido, también y sobre todo en el deporte moderno y a través del deporte moderno, todo lo que se temía por el comunismo.[4]

22. Como en cualquier otro aspecto de la sociedad de consumo, el fenómeno deportivo participa en las multitudes y en la interminable búsqueda del crecimiento a toda costa, que impone tanto escasez como desperdicio, donde la sobreproducción y el deseo de lo superficial se convierten finalmente en una triste metáfora.

23. Más allá de la atmósfera artificial de celebración, lo que se percibe con ocasión de los mega-eventos es un estado policial, dictado no solo por motivos de seguridad cuestionables, sino también para la protección de las inversiones publicitarias de los patrocinadores.

24. El individuo cuenta solo como portador de mano de obra (trabajador) o de dinero (consumidor). Dentro de tal lógica capitalista, cada relación humana está inevitablemente mediada y distorsionada por el intercambio económico, incluso en el ámbito deportivo.

25. Las clasificaciones en las competiciones reflejan fielmente el grado de erosión del deporte en los diversos países por el sistema dominante.

NOTAS

[1] INTERNATIONAL OLYMPIC COMMITTEE, *Olympic Marketing Fact File* (Lausanne, 2015), 16.

[2] GERHARD VINNAI, *Il calcio come ideologia. Sport e alienazione nel mondo capitalista* (Rimini: Guaraldi, 2004), 60. Orig. *Fußballsport als Ideologie*. Frankfurt am Main: Europäische Verlagsanstalt, 1970.

[3] Si bien muy a menudo estén identificados fiscalmente como trabajadores asalariados.

[4] JEFF SPARROW.

Deporte e industrialismo

1. Si el liberalismo primero industrial y luego financiero, ha llevado a las peores formas de explotación que jamás hayan existido, no es sorprendente que este enfoque haya sido transferido a todo lo que le concierne, y eso incluye el espectáculo deportivo.

2. Las características fundamentales de las diversas prácticas deportivas han cambiado con el tiempo, incluso radicalmente. Esto ha ocurrido por múltiples factores, pero el más incisivo ciertamente ha sido el vínculo con la industria.

3. La conexión entre industria moderna y deporte es una relación indisoluble y constante de intercambio equitativo. La primera representa un sector fundamental en el cual expandir el producto industrial con la necesidad de utilizar artículos y accesorios diferentes para cada disciplina. El segundo, con sus innovaciones[1] tecnológicas, permite al espectáculo deportivo mantener un alto nivel de interés gracias a la posibilidad de empujar siempre más allá los límites humanos. En el salto con pértiga, por ejemplo, con el progreso de la descontextualización de la pértiga pasando de un entorno natural de riachuelos y arroyos a la utilizada en el atletismo, ha avanzado gradualmente desde la madera al bambú, al aluminio y a la fibra de vidrio o de carbono, cuyas características mecánicas de flexibilidad y elasticidad han permitido alcanzar medidas consideradas impensables. El lanzamiento del martillo ha visto la sustitución de la herramienta de trabajo por una herramienta especial y más adecuada para el lanzamiento; la técnica de esgrima cambia profundamente con la eliminación de la armadura; la parrilla de salida en las carreras hizo posible alcanzar el máximo empuje inicial, lo que evidentemente era impensable manteniendo la posición de pie, que se usaba desde las primeras prácticas del atletismo en la antigüedad. Cada nuevo material o su combinación y cada nueva forma afecta, a veces de manera radical, a la práctica deportiva.[2]

4. La gestión del deporte como industria del entretenimiento ha llevado a la «amputación» de sus características no compatibles con las leyes del espectáculo. La necesidad de tiempos determinados y breves, como el llamado *tie-break* en el tenis y en el voleibol, introducidos para aumentar el interés, llevó a cambios más o menos visibles en todas las disciplinas, hasta la adopción

en el fútbol de las pelotas especialmente diseñadas con el propósito de obtener trayectorias impredecibles para los porteros, con la consiguiente probabilidad de aumentar los goles, los momentos más destacados de esta disciplina. La reducción de la red en el tenis de mesa ha incrementado la espectacularidad a través de los intercambios extremadamente rápidos que se pueden realizar.

5. De acuerdo con los mismos cálculos, los deportes que no se consideran lo bastante atractivos para el público son apartados en favor de otros, a veces inventados de la nada, en función de su utilidad televisiva y de la capacidad de empujar al público al consumo.

6. En el espectáculo deportivo no se tira nada y se vende todo. Así, al público que paga se le ofrece la oportunidad de asistir a lo que sucede en el vestuario a través de los medios de comunicación. Aparte de satisfacer las necesidades morbosas y voyeurísticas, se analizan estadísticas sobre todos los aspectos medibles del encuentro, incluso colocando sensores en el interior de los equipos a través de sofisticados gráficos muy similares a los utilizados en las presentaciones de negocios, todo en el nombre de la búsqueda obsesiva de la cuantificación.

7. Las asociaciones deportivas, sobre todo aquellas que cotizan en bolsa, son claramente auténticas empresas que buscan el lucro. Puede incluso verificarse que los grupos deportivos nacidos en el seno de corporaciones que operan en otros sectores, se convierten en empresas deportivas de primera clase. Esto ocurrió en el ámbito futbolístico con la famosa corporación farmacéutica de Leverkusen, en Alemania y, sobre todo, con el gigante de los productos eléctricos y electrónicos de Eindhoven, en Holanda.

8. Los comités promotores de los candidatos para acoger los juegos olímpicos se parecen mucho – si analizamos a sus miembros, grandes empresarios industriales y políticos – a consejos de administración de grandes corporaciones empresariales.[3]

9. El capitalismo industrial manifiesta de lleno su naturaleza depredadora en la producción de artículos deportivos, explotando la mano de obra de gente necesitada y/o menores, haciéndolos trabajar en un ambiente deteriorado por muy poco dinero y violando los derechos humanos en muchos aspectos.

10. No se puede describir mejor la influencia del industrialismo en el deporte que como Notario lo hizo: «La civilización industrial, que sustituye a la campesina, nació fruto de un vicio: en ella todo está fundamentado en la economía en vez de en el hombre. El hombre, en esta civilización, se ha convertido en objeto y no en sujeto de la economía. [...] Es la fábrica de los esclavos [...] destinados a ser todos iguales: consumidores uniformes de objetos uniformes. El tiempo libre y el deporte, por lo tanto, en dicha civilización, no escapan a esta lógica sin respiro [...] «la necesidad de relajarse» con un entretenimiento proporcionado por la cultura industrializada es represiva de por sí. El hombre vive en una serie de «jaulas» donde unos pocos en la sala de control cuentan con él, y el «tiempo libre» corre el riesgo de ser la última «jaula», la más ambigua de todas porque está chapada en oro».[4] Es así que la represión del modelo industrial es ejercida en todo momento de la vida humana.

NOTAS

[1] LUIGI VOLPICELLI, *Industrialismo e sport (antisportivo)* (Roma: Armando Armando, 1960), 22.

[2] GEORGES VIGARELLO, *Culture e tecniche dello sport. Gesti, strumenti, materiali, organizzazioni: un'antropologia dei fenomeni sportivi nella società contemporanea* (Milano: il Saggiatore, 1993), 22, 126 y 152. Orig. *Une histoire culturelle du sport.* Paris: Éditions Robert Laffont, 1988.

[3] MASSIMILIANO ANGELUCCI, *Il paradosso dello sport in Italia. Le scienze motorie e lo sport per tutti* (Frankfurt am Main: Biblioteca Italiana, 2015), 204.

[4] A. Notario en CLAUDIO BUCCIARELLI, *Lo sport come ideologia: alienazione o liberazione?* (Roma: AVE, 1974), 46.

Deporte y récord

1. Brohm define el récord como la «suprema unidad de medida» o «la actuación más alta jamás ofrecida por un cuerpo humano».[1] Es la valorada etapa final del esquema «entrenamiento – competición – rendimiento – resultado – medida – récord» que se origina en la concepción capitalista del deporte moderno. El principio de máxima eficacia es la expresión dentro del récord, desde el que, a su vez, se difunde y amplifica como el concepto universal aplicable a cualquier otro sector.

2. El récord representa una de las diferencias principales de la concepción moderna del deporte con respecto a la clásica, en la que se cree que está inspirada, cuando en realidad la victoria estaba antiguamente vinculada solo al «aquí y ahora», sin ulteriores competiciones dilatadas en el tiempo y en el espacio, pero, sobre todo, sin ir tras la idea de un imposible progreso infinito.

3. La posibilidad de un progreso infinito, en particular cuando es aplicada al rendimiento de los seres humanos, representa la mayor mentira y engaño del récord. Esto es una versión extrema de una idea ya de por sí extrema, una en la cual se debe ganar a toda costa, en la que «ganar no lo es todo. Es lo único».[2]

4. Tal tendencia hacia una perfección perpetuamente fuera del alcance y tanta sed de victoria y de ganadores producen solo innumerables derrotas y perdedores, aparte de, naturalmente, «los nuevos récords que hay que superar».[3]

5. Allá donde las posibilidades humanas encuentran sus propios límites, se recurre al progreso tecnológico de los materiales utilizados en el deporte antes de revertir a la búsqueda de mayores esfuerzos del mismo cuerpo humano, creando un círculo vicioso. En realidad, en este punto de la persecución de objetivos perennemente elevados y para continuar estando al día garantizando el sensacionalismo, nos debemos dirigir inevitablemente al ámbito científico, tanto hacia el que es considerado lícito como al ilícito.

6. La construcción del «atleta-máquina» se convierte entonces en un trabajo de equipo de los médicos deportivos, bioquímicos, kinesiólogos, fisioterapistas, nutricionistas, masajistas y de los

atletas mismos, quienes, siendo el objeto de tanto trabajo, se convierten a su vez en especialistas en la materia.[4]

7. Los ganadores entonces, en particular aquellos que lograron establecer un récord, son en su mayoría una mera combinación de cualidades biológicas (sobre todo la tipología y cantidad de las neuronas motoras y de las fibras musculares que tienen características somáticas ideales para una determinada disciplina) y un estado emocional (como la disponibilidad para consagrarse por entero al resultado obtenido, incluso a expensas de todo lo demás).

8. En un sistema que proporciona la victoria solo para un participante y la consiguiente derrota de todos los demás, los estados de ánimo más populares no son precisamente la alegría y la satisfacción, sino más bien la frustración y el fracaso.

9. Incluso obtener la victoria puede no ser suficiente si esta – en lo que a eficiencia se refiere en términos de resultados y rendimiento – no satisface las expectativas de los «expertos» y del público.

10. La ilusión sutil e insidiosa, que descansa tras tanta resonancia dedicada al espectáculo deportivo, es aquella por la cual el avance del desempeño corresponde a un progreso social.[5] Como observa Lucot «Todos los récords mundiales son anunciados por la prensa escrita, hablada y audiovisual, de la misma manera que un nuevo descubrimiento sobre la lucha contra el cáncer o un golpe de estado. [...] En la mayoría de los casos, un nuevo récord provoca un efecto de estupor. [...] La humanidad parece haber dado un salto decisivo, pasando de la Edad de la Piedra a la de Bronce. Todo en un centésimo de segundo. ¿Qué representan en nuestra mente estos diez segundos exactamente? ¿Qué representan estos 2,30 m del salto de altura? Nada, son solo simples cifras, abstracciones».[6]

En realidad, es un intento trivial y repetido de responder cuestiones como «quién es el mejor», «quién es el primero», «quién es el más fuerte», «quién corre más rápido» o «quién lanza más lejos» que son fundamental y típicamente preguntas infantiles.[7]

11. En su *Sociologie politique du sport*, Brohm señala como la narración deportiva idealiza a los atletas atribuyéndoles nombres del reino animal, destacando de esta manera determinadas cualidades. Así,

la revista *Paris Match*, comparando el Homo Sapiens con otras especies animales en los «juegos olímpicos de la biosfera», encontró la distintiva inferioridad en cada disciplina. [8] Este descubrimiento no escapó ni siquiera a los filósofos cínicos de la antigua Grecia: «Una vez Diógenes el cínico se encontró con un atleta que, junto a sus amigos y admiradores, festejaba una gran victoria y presumía de ser el corredor más rápido de toda Grecia. Diógenes lo depreció con una broma: "Pero no más rápido que un conejo o un ciervo, y ellos, los animales más veloces, son también los más cobardes"».[9]

12. La inteligencia humana no es una forma de expresión única, sino más bien múltiple (lingüística, lógico-matemática, espacial-figurativa, cenestésica o motora, musical, interpersonal o social, o incluso relacional, intrapersonal, naturalista, existencial y filosófica). La motora – básica en el deporte – es una característica innata y debido a una gran cantidad de células llamadas «piramidales» (neuronas de dimensiones más grandes capaces de enviar un número muy elevado de eferentes) y a que está orientada hacia el movimiento voluntario, finaliza rápidamente las conexiones sinápticas relacionadas (sobre todo con las neuronas motoras de la médula espinal).

Por lo tanto, sobresalir en el deporte representa sobre todo una inteligencia superior de tipo motor, la cual no debería ser ni subestimada ni tampoco sobrevalorada con respecto a otras formas de inteligencia.

13. Parafraseando a Marx, el verdadero límite del récord es el récord en sí mismo.

NOTAS

[1] Jean-Marie Brohm en GIANNI BOCCARDELLI (Ed.), *I signori del gioco. Storia, massificazione, interpretazioni dello sport* (Napoli: Liguori editore, 1982), 144.
[2] Henry "Red" Sanders en THOMAS A.TUTKO, BILL BRUNS, *Winning is Everything and Other American Myths* (New York: MacMillan, 1976), 4.
[3] *Ibídem*, 2.
[4] BERO RIGAUER, *Sport and Work* (New York: Columbia University Press, 1981), 21. Orig. *Sport und Arbeit*, Frankfurt am Main: Suhrkamp, 1969.
[5] JEAN-MARIE BROHM, *La Tyrannie sportive. Théorie critique d'un opium du peuple* (Paris: Beauchesne, 2006), 119.
[6] H. Lucot en JEAN-MARIE BROHM, *Sociologie politique du sport* (Nancy: Presses Universitaires de Nancy, 1992), 322. I ed. Paris: Éditions Universitaires, 1976.
[7] H. H. HENSCHEN, R. WETTER, *Anti-olympia* (München: Carl Hanser Verlag, 1972), 15.
[8] JEAN-MARIE BROHM, *Sociologie politique du sport*, op. cit., 354.
[9] MOSES ISRAEL FINLEY, HENRI WILLY PLEKET, *I Giochi olimpici: I primi mille anni* (Roma: Editori Riuniti, 1980), 112. Orig. *The Olympic Games: The First Thousand Years.* London: Chatto and Windus, 1976.

Deporte y doping

1. Se considera doping al uso de sustancias o prácticas para mejorar el rendimiento. Sin embargo, la frontera entre lo lícito y lo ilícito se difumina en una continua mutación.

   El objetivo del doping, si bien objetivamente fútil, es el de cambiar constantemente y a cualquier precio el límite de las capacidades humanas.

2. Incluso en la antigüedad, en los primeros festivales, se recurría a infusiones y a otras substancias naturales entonces prohibidas (pero que hoy serían más que consentidas). La prohibición provenía exclusivamente de la ética deportiva porque el atleta interesado en el doping disponía de muchas menos maneras de hacerse daño. Es con el deporte moderno y el recurso a la farmacología, a la biología molecular y a la genética, que tenemos que afrontar también el problema ligado a la salud. Los atletas de alto nivel saben que, a diferencia del deporte antiguo, en el que la participación era abierta, el doping es necesario incluso simplemente para superar las selecciones preliminares y formar parte del estrecho círculo de los que pueden aspirar a la victoria, sin, por otra parte, tener las suficientes capacidades para conseguirla.

3. El doping no es una desviación del deporte moderno, sino una parte del mismo y representa más bien la esencia más profunda. Se trata de una respuesta natural, un «reflejo» del atleta al ambiente (deportivo) que le rodea, requiriendo un rendimiento que traspasa los límites a través de los cuales obtener victorias o realizar espectáculos cada vez más emocionantes, y a la imposibilidad de ser capaz de conseguirlo con solo su propio cuerpo.

4. Durante los juegos olímpicos de Roma de 1960, un ciclista danés muy joven murió durante la competición de una insolación, dijeron. Resultó ser oficialmente una de las primeras víctimas del doping. Le siguieron muchos otros, y otros más aún seguirán, buena parte de ellos clasificados en el mejor de los casos entre las muertes «sospechosas». Los jóvenes atletas no tienen la correcta percepción del problema, no están adecuadamente informados, son deslumbrados por la sed de victoria y dinero o muy a menudo, simplemente desconocen lo que toman. Numerosos ex

atletas de fama mundial han confesado haber tomado sustancias que mejoraban el rendimiento sin ni siquiera saberlo inicialmente. Un gran ciclista italiano que, en cambio, las tomó conscientemente, minimizó sus acciones diciendo después que se trataba básicamente de medicina deportiva, la cual efectivamente representa hoy un «doping lícito».[1]

5. Es solo a partir de finales de los años sesenta que el fenómeno del doping comienza a considerarse como una práctica ilícita. Hasta entonces, para los atletas de élite, se trataba solo de una forma inocente de medicina deportiva.

6. El deporte moderno se alimenta de flujos de dinero provenientes también del mecanismo de patrocinio, el cual representa una de sus fuentes principales. Las empresas pagan por asociar su nombre con algo percibido universalmente como positivo, en otras palabras, el deporte. Cuanto más se aleja el producto de los conceptos que se asocian con el deporte (la salud y el bienestar, alegría, vitalidad, juventud, diversión, sociabilidad, etc.) mayor es la importancia de este perverso vínculo. No es sorprendente que los principales patrocinadores de cada evento sean compañías notoriamente poco saludables que producen bebidas a base de azúcar, bocadillos, bebidas alcohólicas, confitería industrial, productos financieros, etcétera.

    Sin embargo, lo que ocurre con mayor frecuencia es que los patrocinadores consiguen el efecto contrario a lo que se había planificado en principio. Los casos confirmados de doping, de hecho, terminan frecuentemente siendo asociados con el nombre de la empresa patrocinadora, creando con ello una asociación negativa. En estos casos, el sistema se vuelve en contra de quien lo ha alimentado, quien, a su vez, debe distanciarse de inmediato de este «abrazo mortal».

7. La venta de fármacos con potencial de doping está en continuo crecimiento, y el fenómeno se propaga incluso a nivel amateur, donde obviamente los controles son prácticamente inexistentes.

    Con una actitud aparentemente esquizofrénica, los medios de información y las instituciones deportivas reclaman el respeto por las reglas y a la transparencia, aparentando interesarse por el deporte para todos, pero luego valoran y premian solo a quien persigue la victoria a toda costa. El atleta de alto nivel en particular no tiene mucha elección; someterse o desaparecer. De acuerdo con el esquiador de fondo, el finlandés Mika Kristian Myllylä, que se declaró culpable, es una situación conocida por todos y común en todos los países en los que rige el deporte de alto nivel.[2]

8. Ante la ocurrencia de un acto importante de doping, corren para ponerse a cubierto de dos maneras: si los procedimientos aplicables permiten minimizar y limitar los daños iniciales, se opta por esta solución a través de la cual todo es rápidamente olvidado. De lo contrario, se recurre inmediatamente al mecanismo del chivo expiatorio. Todos aquellos que habían participado en la exaltación colectiva del campeón hacen lo posible por desacreditar al atleta individual. Es importante que esto ocurra siempre con un atleta a la vez para que no surjan sospechas – legítimas – de que el problema esté en todo el sistema, en vez de ser una decisión individual y aislada de unas pocas «manzanas podridas».

9. Es profundamente hipócrita que las organizaciones deportivas se constituyan como parte perjudicada frente a los atletas culpables por haber hecho uso de doping.

Después de haber sido descubierto y haber cumplido una corta condena en la cárcel, el fundador de un conocido laboratorio de San Francisco especializado en doping confesó haber suministrado a todos los atletas participantes en una importantísima final de los cien metros lisos y confirmó la naturaleza propagandística de los controles realizados en las competiciones, en vez de por lo menos nueve meses antes, cuando realmente serían útiles.

No obstante, el ambiente deportivo es extremadamente conspiratorio. Según las afirmaciones de un magistrado italiano, es incluso «más fácil encontrar un arrepentido en los procesos de mafia que en los de doping»[3] y como resultado de expedientes precisos, como el presentado al Comité Olímpico Italiano por Alessandro Donati, el problema no se está abordando aún. El mismo Donati – entre los mejores técnicos de atletismo y experto en la lucha contra el doping – quien publicó libros[4] sobre la materia denunciando hechos y personajes, se vio expulsado del sistema deportivo.

10. El periódico británico *Sunday Times* y la emisora alemana ARD, al tener en sus manos unos documentos pertenecientes a la

Asociación Internacional de las Federaciones de Atlétismo sobre miles de análisis de sangre efectuados en la primera década de este siglo, dieron la noticia y produjeron un documental *«Doping – Top Secret: The Shadowy World of Athletics / Geheimsache Doping»*.

Los expertos de antidoping más cualificados, llamados a examinar los valores reportados, dedujeron que hubo una extraordinaria difusión del engaño por parte de los atletas durante los máximos eventos deportivos a nivel mundial.

Un tercio de las medallas (incluidas muchas de oro), ganadas en deportes de resistencia en los juegos olímpicos y en los campeonatos mundiales, fueron obtenidas por atletas cuyos test dieron resultados sospechosos. En algunas finales, incluso los tres atletas del podio presentaron un análisis de sangre de este tipo.

Uno de los expertos cuestionados afirmó al respecto: «Nunca había visto unos niveles de sangre anormales tan alarmantes. Muchísimos atletas parecen haberse dopado con impunidad y es grave que la asociación internacional haya permitido que esto ocurriera».

11. Las declaraciones sobre la lucha contra el doping son en realidad un fenómeno tácitamente aceptado por los gobiernos del deporte e incluso necesario para que puedan seguir proporcionando a los seguidores las historias excepcionales que acostumbran esperar. Así, los mismos atletas de alto nivel notan la anomalía de no ser sometidos a controles antidoping durante largos períodos. Existen eventos, de hecho, que se celebran sin controles porque los organizadores temen «manchar» su propio evento con eventuales resultados positivos. Además, los costes del antidoping son tal elevados que solo es posible hacerlos en las grandes competiciones y después de la carrera, pasando por alto los controles en los períodos de preparación lejanos a la fecha de competición, que son precisamente aquellos donde más se concentran las prácticas de dopaje. Como denuncia Altopiedi, incluso en los megaeventos como los juegos olímpicos, los porcentajes de doping oscilan entre el 0,8 y el 2%. Según estas cifras, se podría deducir que el doping en el deporte casi no existe.

Para las organizaciones deportivas, en cambio, la situación óptima esperada es que el doping existe (de no ser así, no habría interés hacia el deporte moderno tal como ha sido diseñado), pero no ha de tomar unas dimensiones excesivamente visibles, tales como para dañar la credibilidad de todos sus componentes. De esta manera, en un debate en profundidad sobre el tema,[5] Altopiedi disputa que las organizaciones deportivas están más orientadas a la gestión de la retórica pública que a la limitación del fenómeno en sí. El gobierno debe dar la impresión de que algo se está haciendo, cuando en realidad no se hace nada. Entre el «decir» y el «hacer» hay y debe haber necesariamente cierta distancia.[6]

Por otra parte, hay que recordar que históricamente las prácticas de doping masivas no eran aquellas implementadas por atletas desviados, sino precisamente por los estados. Son incontables los testimonios de los expertos con respecto al «doping de Estado» que, para la mayoría de la gente, es parte integrante de las competiciones de alto nivel. Paradigmático es el caso de la República Democrática Alemana, cuyo presidente, Erich Honecker, fue incluso galardonado por el presidente del Comité Olímpico por los extraordinarios resultados de sus atletas. Atletas que, más tarde se descubrió que formaban parte de un ejército de casi diez mil personas sometidas a la campaña más masiva de doping de Estado, cuyo fin era demostrar fundamentalmente una superioridad del «Este» sobre el «Oeste», como en el caso más reciente de Rusia.

12. En una triste parábola, Armstrong se convirtió en el ciclista con más éxito de la historia, se aseguró la admiración del mundo entero (así como cuantiosos patrocinios) no solo como ganador del *Tour de France*, sino también al conseguir el «récord» de ganar siete ediciones seguidas, empresa imposible de imaginar en un evento de tal magnitud, que, durante casi un mes, involucró al país entero. Cuando se descubrió que no se había tratado de ningún prodigio, sino (por supuesto) de un caso de doping, hizo una confesión pública en una entrevista con el programa televisivo más seguido de los Estados Unidos, usando palabras que deberían abrir los ojos de los soñadores.

Ante la pregunta: «¿Hubiera sido posible ganar el *Tour de France* sin doping siete veces?». La respuesta fue: «En mi opinión, no creo [...] no en esta generación, [...] eso está bien documentado. Yo no inventé la cultura, pero no traté de detenerla, y este fue mi error, y esto es de lo que debo arrepentirme [...] Tuve acceso a lo mismo que los demás».

Cuando se le preguntó: «¿Lo hacían todos?», él respondió: «No conocí a todos [...] Habrá personas que digan: "Bueno, hay doscientos chicos en el *Tour*, puedo decirte que cinco no lo hicieron, y estos son los cinco héroes", y estarían en lo correcto».

De nuevo: «Para seguir ganando, ¿tenías que continuar tomando sustancias prohibidas?». «Sí y no estoy seguro de si es una respuesta aceptable, pero es como decir que teníamos que tener aire en los neumáticos y agua en nuestras botellas. Esto era, para mí, parte del trabajo».

Por último, en la narración del momento en el cual los patrocinadores comenzaron a llamar al ciclista uno tras otro diciéndole que no querían tener nada más que ver con él, uno puede darse cuenta de toda la hipocresía de un sistema deportivo profundamente distorsionado y dopado a su vez.

13. Quien sea tan cínico para aceptar este deporte, debe acoger con la misma serenidad la existencia del dopaje, luchar por su legalización y regocijarse por los récords y los beneficios «épicos» dependientes del mismo.

NOTAS

[1] Jean-Marie Brohm en GIANNI BOCCARDELLI (Ed.), *I signori del gioco. Storia, massificazione, interpretazioni dello sport* (Napoli: Liguori editore, 1982), 23.

[2] Mika Kristian Myllylä, fondista finlandés, tramposo por doping confeso en ROBERTO BOSIO, *I giochi del potere* (Cesena: Macro Edizioni, 2006), 40.

[3] Raffaele Guariniello, magistrado de la Procuraduría de Turín en LORENZO VENDEMIALE, *Olanda, in tv documentario sul doping nella Juve anni '90 (con troppe omissioni)*, Il Fatto Quotidiano, 28 maggio 2013.

[4] ALESSANDRO DONATI, *Campioni senza valore*. Firenze: Ponte alle Grazie, 1989.

[5] ROSALBA ALTOPIEDI, *"Fatti" di sport. Il doping e la doppia morale delle organizzazioni sportive*. Milano: FrancoAngeli, 2009.

[6] N. Brunsson en ROSALBA ALTOPIEDI, *Ibídem*, 103.

Deporte y alienación

1. Lejos de ser la expresión de la individualidad personal, el deporte moderno, y en particular el de nivel superior, desarrolla una completa despersonalización del atleta que, como ser humano, debería ser la medida de todas las cosas, mientras que, en realidad, él mismo se convierte en un objeto de la medición.[1]

2. Los desarrolladores de la teoría crítica intuyeron que los deportistas son – de hecho – reducidos a simples valores cuantitativos [2] (milésimas de segundo, metros, goles, canastas, metas, puntos, etc.) ligados a su rendimiento. En algunos deportes como el baseball, las estadísticas (en este caso, llamadas «sabermetría») se convierten en su principal motivo de interés. En cada disciplina, de todas maneras, los atletas no son considerados personas, sino «cuerpos» que, señala Brohm, después de ser clasificados en categorías de sexo, edad y a veces peso, son medidos meticulosamente en funciones orgánicas y en características antropométricas, evaluados y comparados con otros cuerpos con el fin de seleccionar los mejores, es decir, los más aptos para el objetivo. La dimensión humana es borrada a favor de la función del cuerpo como mero instrumento.

3. Fieles a la línea del comercio deportivo, los atletas son transformados en «recolectores de etiquetas y espacios publicitarios autopropulsados» [3] para luego ser identificados primeramente con números. Los nombres, de estar presentes, se deben exclusivamente a las frías exigencias de las ventas promocionales.

4. Las instalaciones deportivas, entre los principales «no lugares» [4] de toda ciudad, son fábricas [5] en las que una masa de «no personas», el público, observa a otras «no personas» usadas como coches de carreras, puntos de salto y, naturalmente, dinero.

5. En el deporte de la «sociedad orientada a la conquista», [6] fabricado de competición despiadada y de lucha por la existencia, los sentidos de transitoriedad, soledad, inseguridad, incertidumbre y aislamiento se convierten en reacciones naturales del individuo–atleta.

6. En los eventos del deporte mitificado, se implementan relaciones sociales simples, pero deshumanizantes. Multitudes de personas concentradas en un espacio limitado y, sin embargo, más aisladas

que nunca, gritando frases al unísono y sin ningún sentido, exigiendo victoria y espectáculo a otras personas bajo la brutal condición por la que el ganador vale algo, y quien pierde no vale nada.

7. Parafraseando al siempre actual Orwell, el deporte moderno es un estilo de vida sedentario, el tiempo libre es otra esclavitud, la ignorancia es consenso, la victoria es derrota, y el récord es olvido.

NOTAS

[1] CLAUDIO BUCCIARELLI, *Lo sport come ideologia: alienazione o liberazione?* (Roma: AVE, 1974), 70.

[2] GERHARD VINNAI, *Il calcio come ideologia. Sport e alienazione nel mondo capitalista* (Rimini: Guaraldi, 2004), 31. Orig. *Fußballsport als Ideologie*, Frankfurt am Main: Europäische Verlagsanstalt, 1970.

[3] SANDRO PROVVISIONATO, *Lo sport in Italia. Analisi, storia, ideologia del fenomeno sportivo dal fascismo ad oggi* (Roma: Samonà e Savelli, 1978), 95.

[4] ZYGMUNT BAUMAN, *Modernità liquida* (Roma / Bari: Laterza, 2002), 113. Orig. *Liquid Modernity*, Cambridge / Malden: Polity Press, 2000.

[5] Lewis Mumford en JEAN-MARIE BROHM, *Sociologie politique du sport* (Nancy: Presses Universitaires de Nancy, 1992), 154. I ed. Paris: Éditions Universitaires, 1976.

[6] David C. McClelland en BERO RIGAUER, *Sport and Work* (New York: Columbia University Press, 1981), xxxiv. Orig. *Sport und Arbeit*. Frankfurt am Main: Suhrkamp, 1969.

Deporte y educación

1. El hecho de que el deporte es un elemento fundamental en la infancia es algo conocido. Por ejemplo, contribuye a una mejora de las funciones cognitivas y, por supuesto, predispone a una forma física que mantendrá alejados a los insidiosos factores de riesgo en la edad adulta. Por estos y otros motivos, cada progenitor se siente en el deber de alentar a sus hijos a que se interesen por una o más prácticas deportivas. Sin embargo, el modelo de deporte ofrecido a los jóvenes a nivel internacional está lamentablemente muy lejos de ser portador de algún beneficio.

2. Es paradójico que el sistema deportivo propuesto a la mayor parte de los jóvenes de todo el mundo tenga origen en el anticuado ideal pedagógico de Coubertin, el cual hablaba de «deportes viriles» y quien escribió que «…la lucha cuerpo a cuerpo y los puñetazos – especialmente los puñetazos – tienen cierta utilidad en las escuelas de enseñanza secundaria. Los profesores no deberían aprobar jamás tales comportamientos, pero si son lo suficientemente inteligentes, sabrán discernir cuando ignorarlos en algunos casos».[1]
    A su vez se inspiró en el trabajo del eclesiástico y rector de la *School of Rugby*, Arnold,[2] el cual no solo era partidario de un estilo autoritario y estaba a favor de los castigos corporales, sino que su «pedagogía» consistía solamente en clasificar a estudiantes y apartar a aquellos «menos prometedores» para conformar a los restantes a las «reglas no escritas» de la vida social, exaltar la «masculinidad, el honor, el patriotismo y la religiosidad»,[3] pero, por encima de todo, para institucionalizar y volver funcional la violencia que reinaba en las relaciones entre los alumnos.

3. Los muchachos pueden jugar de forma espontánea durante horas sin ni siquiera darse cuenta de quien está ganando, simplemente por el placer que se consigue.[4] En cambio, en el deporte organizado por los adultos adoctrinados por el sistema dominante, los jóvenes encuentran una realidad bien diferente de aquella que les divertía. Los padres proyectan en sus hijos el deseo de una carrera deportiva, incluso si para ello se sacrifica una infancia feliz. La improvisación se convierte en un lejano recuerdo, y empiezan a entrenarse constante y racionalmente. La

palabra «juego» es vaciada de su significado y permanece solo en el nombre de algunos deportes pero, como reveló Vinnai, las expresiones tales como «juego de fútbol», «jugador», «campo de juego» o «regla del juego» se han vuelto consecuentemente ilusorias.[5]

4. Los jóvenes atletas, que empezaron jugando en sus primeros años de vida, a menudo son entrenados a través del miedo, tratados como adultos en miniatura y, de hecho, son instigados por los entrenadores y por el entorno de la competición mutua con el gran riesgo de desarrollar agresividad y características narcisistas, así como, por supuesto, un individualismo alarmante. En semejante educación basada en el rendimiento, la pregunta que suelen hacer las familias no es «¿te has divertido?» o «¿qué tal has jugado?» sino «¿has ganado?».[6]

5. Acostumbrados desde el principio a la experiencia deportiva organizada con el concepto de «empleo» y el valor que puede asumir basándose en el rendimiento, sometidos luego profundamente al ejemplo distorsionador de la fama, los jóvenes están en peligro de ilusionarse fácilmente y desarrollar una especie de «preocupación por las ganancias rápidas y sustanciales»,[7] acompañado de una personalidad arrogante y caprichosa, como la de los ejemplos famosos que les ofrecen. Las jóvenes promesas (reales o falsas) procedentes de países problemáticos, ven en el deporte una oportunidad estructurada para la redención social, pero terminan más fácilmente en una moderna y variada «trata de esclavos». En todo caso, no parece importarle a nadie que por cada campeón joven y nuevo en la escena deportiva se sacrifiquen silenciosamente un número enormemente superior.

6. En una interesante monografía[8] sobre el abandono juvenil, Bortolotti establece una incidencia que en ciertas disciplinas alcanza cuotas cercanas al cincuenta por ciento. Las razones se atribuyen de alguna manera a la falta de humanidad de esa «selección natural», por ejemplo, la vergüenza de perder contra un compañero de equipo o la amargura de la derrota, así como la incapacidad de expresar la agresividad «necesaria» en una competición.

7. La única educación verdadera ofrecida por el deporte capitalista, aquella que nos interesa verdaderamente ofrecer, es aquella que da forma a los futuros productores y consumidores.

NOTAS

[1] PIERRE DE FRÉDY DE COUBERTIN, *"L'Éducation de la paix"* en La Réforme Sociale, 2 série, tome VII, 16 Septembre 1889, 361-363.

[2] Cuyo conocimiento, en realidad, fue solo superficial y distorsionado, ya que provenía casi exclusivamente de la lectura de un libro: "Brown's School days" de Thomas Hughes.

[3] ROSELLA FRASCA, *Religio athletae. Pierre de Coubertin e la formazione dell'uomo per la società complessa* (Roma: Società Stampa Sportiva), 48.

[4] Salomon Asch en PIERRE LAGUILLAUMIE, *Sport & repressione* (Roma: Samonà e Savelli, 1971), 15. Orig. *Sport, culture et répression*. Paris: Maspero, 1968.

[5] GERHARD VINNAI, *Il calcio come ideologia. Sport e alienazione nel mondo capitalista* (Rimini: Guaraldi, 2004), 29. Orig. *Fußballsport als Ideologie*, Frankfurt am Main: Europäische Verlagsanstalt, 1970.

[6] THOMAS A.TUTKO, BILL BRUNS, *Winning is Everything and Other American Myths* (New York: MacMillan, 1976), vii.

[7] MICHEL BOUET, *Les motivations des sportifs* (Paris: Éditions Universitaires, 1969).

[8] ALESSANDRO BORTOLOTTI, *Sport addio. Perché i giovani abbandonano la pratica sportiva* (Bari: La Meridiana, 2002), 111.

Deporte y detrimento

1. En el imaginario colectivo, el deporte es saludable, y, en términos generales, esto es cierto. Sin embargo, es necesario considerar que «deporte» es un término genérico; «deportivo» es el que practica, pero «deportivo» sería también el fan que se sienta y mira, y «deportiva» es la apuesta que hace, así como, quien no es ni practicante ni apasionado puede vestirse con estilo «deportivo» con solo vestirse con trajes informales o conducir coches «deportivos» a pesar del hecho de que estos facilitan el sedentarismo como cualquier otro. Tal amplitud de significados se presta a una confusión casual o intencional.

   En el sistema deportivo moderno propiamente dicho, como en una pirámide, existe el deporte de alto nivel, el que es «para unos pocos» y donde un número precisamente limitado de atletas y profesionales particularmente dotados logran generalmente una forma de espectáculo y el deporte de base, aquel practicado parcialmente por las masas por diversión y motivos de salud, sobre todo.

   En el declive del deporte con enfoque capitalista, esto es sobre todo entretenimiento, un instrumento de propaganda, un medio de control y regimentación, una estrategia para la realización de grandes obras y demostraciones innecesarias. Estas son todas interpretaciones que quieren que el deporte de alto nivel prevalezca sobre el de base. Lógicamente, los fondos públicos dedicados «al deporte» en general, el dinero de la población, se invierten silenciosamente en una forma de deporte que no les ofrece ningún beneficio.

2. Si se quiere entrar seriamente en el deporte competitivo, se necesita estar dispuesto a destruirse a sí mismo.[1] Fuera de los clichés, de hecho, la práctica real del deporte organizado presenta muchas más sombras que luces. Primero, el exceso que esto necesariamente presupone no aporta nunca beneficios y cada atleta, incluso si es amateur, toma en consideración la posibilidad de sufrir lesiones – incluso graves – como el estado natural de las cosas. Dependiendo de las diferentes prácticas, se registran en general posturas extremadamente peligrosas, un consumo anómalo de fármacos (sobre todo analgésicos y substancias para mejorar el rendimiento), una frecuente necesidad de atención

médica, hábitos alimenticios desequilibrados y trucos «legales» aunque deplorables y, a veces, mortales, como el conocido como «corte de peso»[2] o hasta las «nuevas fronteras» que podrían estar representadas por el uso de implantes, cirugías o mecanismos relacionados con el dolor, sin el que se puede llegar a soportar esfuerzos superiores a los límites máximos que, de otra manera, serían inalcanzables, arriesgando el cuerpo a lesiones graves.

3. El entrenamiento, inicialmente una simple repetición de los movimientos a ejecutar, se ha vuelto intensivo, una mortificación del cuerpo en función de una posible victoria,[3] que ocurre a veces dentro de proyectos nacionales incluso en contra de la voluntad de los atletas. En todos los otros casos, la finalidad deportiva parece atenuar, si no borrar, la conciencia de los riesgos relacionados con determinadas fases del entrenamiento o de la práctica que pueden acabar desarrollando un culto al sufrimiento, un placer masoquista en la dominación del propio cuerpo llevándolo al extremo. El atleta está «feliz con su mala suerte» sostiene Perelman.[4] En el culturismo existe el lema *«no pain, no gain»* − sin sufrimiento, no hay ganancia (de masa muscular) − pero los conceptos de «sacrificio», «esfuerzo» y «deber» son algo general a todos los deportes. En otros ámbitos sociales, estos conceptos se perciben negativamente o con fastidio, mas, en el mundo del deporte, asumen la función de valores, no solo necesarios, sino además positivos.[5]

4. Aparte de definir las características de los Juegos, Caillois[6] los clasificó en cuatro tipologías diferentes; *agon* (competición), *alea* (suerte), *mimicry* (máscara) e *ilinx* (vértigo). La mayor parte de los deportes modernos presenta generalmente las dos primeras, a veces incluso vértigo (por ejemplo, en el esquí) y más raramente la máscara.

    Hoy, se busca minimizar la importancia de la casualidad (*alea*, palabra latina para indicar literalmente los dados) y maximizar la del compromiso, del entrenamiento constante y de la férrea disciplina. Si bien dichas actitudes contribuyen ciertamente a una orientación favorable del resultado final, la suerte todavía tiene una gran capacidad de influencia. Basta decir que, incluso antes de los partidos, hay una fase de sorteo y combinación de los contrincantes, las condiciones atmosféricas que pueden favorecer las características de un participante con respecto a otro, o incluso el momento de la temporada en relación con el entrenamiento físico (a veces óptimo al final, en otros casos al inicio, pero con una consiguiente flexión) y así sucesivamente con todas las infinitas variables posibles. El intento perenne de establecer jerarquías, superioridades y plusmarcas no se puede satisfacer en realidad y queda como algo efímero. En tal contexto, el deporte de base orientado hacia el bienestar real de la población existe prácticamente solo como una forma de aspiración a convertirse en deporte de élite.

5. Frente al mito de la eterna juventud y del «superhombre» que el deporte moderno evoca, solo se puede constatar que lamentablemente también nuestros héroes–atletas son seres humanos con un recorrido biológico y una expectativa de vida no muy diferentes de los de todos los demás.

6. Algunas disciplinas presentan una probable conexión directa con enfermedades graves, por ejemplo, la esclerosis lateral amiotrófica (llamada también «Enfermedad de Lou Gehrig», por el famoso deportista americano). Se han detectado muchos casos patológicos a nivel cerebral en el boxeo que, como resultado de otra distorsión, también es llamado *«la noble art»*, pero que no tiene nada de noble, ni de artístico. Se trata de un caso representativo de cómo las exigencias (crueles) del espectáculo, al rehusar las limitaciones que tiene mediante dispositivos de protección y la eliminación del *knock-out* bárbaro y anacronístico, someten al deportista profesional a riesgos adicionales con respecto al aficionado, a quien se le permite protegerse la cabeza.

7. Los mismos dispositivos de protección son a veces indicadores del peligro de las prácticas deportivas. Considerando, por ejemplo, el fútbol americano, disciplina tan violenta como lo es la cultura capitalista en que es popular, las protecciones son incluso superiores a las de los uniformes usados en misiones militares. No obstante, ahora se sabe que al igual que los soldados que operan cerca de las explosiones, hay una correlación entre esta práctica (junto al boxeo, wrestling, hockey y rugby) y las patologías degenerativas del cerebro a una edad joven.

8. La ideología deportiva de hoy en día exalta la búsqueda del rendimiento sensacional, que encuentra su apogeo en los conocidos como deportes extremos. Estos se vuelven particularmente atractivos para las empresas que quieren

publicitarse a través de los mensajes típicos del liberalismo más irresponsable como *«impossible is nothing»* (nada es imposible) o *«no limits»* (sin límites). Los límites humanos (y las limitaciones de los eslóganes) existen y se manifiestan a veces con dramatismo, cuando, por ejemplo, un célebre embajador lamentablemente perdió la vida estrellándose durante un vuelo de paracaidismo acrobático.

9. El deporte es una práctica principalmente masculina, y el padre de la industria moderna del deporte–espectáculo tenía tendencias misóginas. Repetidas veces y hasta los últimos años de vida, se manifestó en contra de la participación femenina,[7] ya que las mujeres se tenían que limitar únicamente a «coronar los ganadores».[8] También por estos motivos, el ámbito deportivo siempre ha demostrado ser ambiguo con respecto a la esfera sexual, en donde la mujer ha sido a menudo relegada a posiciones auxiliares y ornamentales, la ayudante atractiva o la entregadora de premios, una espectadora fascinante atrapada por las cámaras entre el público[9] casi siempre semidesnuda, y menos seriamente en el rol de atleta y ganadora.[10] Desde el mito de la virilidad al tabú de la homosexualidad, pasando por los tristes acontecimientos de los atletas intersexuales, de los humillantes controles a los que durante décadas las mujeres han tenido que someterse para demostrar que no son hombres, del horario para el sexo en función de las competiciones hasta la común «castración temporal»[11] representada por la práctica del «retiro» de los atletas en lugares lejos de las propias familias cuando no se alcanzan los resultados deseados.

10. En el plano de la contribución de los deportes a la mejora de la salud, es de sumo interés la observación del profesor Fox:[12] «El problema no es que las personas no vayan al gimnasio y que no practiquen deporte [...] el problema es que dejamos de ser activos en las actividades generales... recoger las hojas en el jardín, hacer las tareas del hogar o subir las escaleras son todas buenas formas de ejercicio moderado. La cuestión clave, por lo tanto, no es «¿qué beneficios para la salud garantiza el deporte?» sino más bien «¿qué mayores beneficios para la salud garantiza el deporte con respecto a hacer las tareas de casa?». En realidad, el deporte desvía fondos públicos a causa de las heridas».[13]

11. En los albores del deporte moderno, los corredores tenían que simular las competiciones hípicas (pero sin el caballo, por supuesto), imitando los movimientos del animal, saltando arbustos e incluso dándose latigazos en las piernas. No se trataba de un caso aislado; el caballo era tan importante que incluso en las carreras, las bicicletas, los coches o los barcos también tenían que evocar la figura equina a través de algún artificio.[14]
Regresando al atletismo, las condiciones de las carreras descritas parecen ridículas hoy en día. Sin embargo, todos aquellos que competían no estaban locos, lo hacían con una seriedad y un compromiso similar a los de los corredores de la actualidad. Simplemente se adaptaron al modelo de deporte que se les propuso sin hacer demasiadas preguntas, del mismo modo a como lo siguen haciendo en los deportes.

12. El ideal de perfección estética atribuida a los deportes que se remonta al arte de la Grecia clásica y, en particular, a obras como el «Discóbolo de Mirón», podría ser fiel a la representación de los atletas de algunas disciplinas de la época, pero no representa al atleta en sentido absoluto, ni por aquel entonces (cuando otras obras, como el «Púgil en reposo de Lisipo» que destacaban la ruina), ni ahora. Salvo por un pequeño número de deportes, la mayoría modifica el cuerpo de los atletas negativamente, confiriendo algún desequilibrio, según cada caso.[15]

13. Existe un comportamiento instintivo primario detectable con el tiempo y en múltiples culturas que consiste en la privación voluntaria de bienes a través de la donación o la destrucción de los mismos con la finalidad de demostrar riqueza y generosidad para luego obtener gloria, honor o dones de mayor importancia. Las ceremonias de este tipo perpetradas por los indios de América – entre los cuales, el fenómeno ha sido institucionalizado y ritualizado – fueron denominadas *«Potlatch»*.
Se tratan de verdaderas competiciones orientadas a la victoria y al posicionamiento jerárquico, disfrazadas de altruismo, generosidad y amistad.
Este impulso ancestral está particularmente presente en el deporte moderno e incluso se fomenta en sus componentes característicos, es decir, la competición institucionalizada y la falsa solidaridad representada por el concepto hipócrita de *fair play*.

Por lo tanto, representa la perpetuación de un *potlatch* a nivel internacional, en el que los atletas sacrifican lo que tiene más valor para ellos – su propio cuerpo – para conseguir la victoria y el prestigio resultante de ello, desafiando implícitamente y obligando a los rivales a hacer lo mismo y en mayor medida.

NOTAS

[1] JOE HUMPHREYS, *Foul Play: What's wrong with Sport* (London: Icon Books, 2008), 3.
[2] Práctica que consiste en la deshidratación adoptada para resultar menos pesados cuando se acercan las competiciones en las que se planean categorías de peso como el boxeo, para luego recuperarlo después, y dar puñetazos más pesados.
[3] JEAN-MARIE BROHM, *Sociologie politique du sport* (Nancy: Presses Universitaires de Nancy, 1992), 323. I ed. Paris: Éditions Universitaires, 1976.
[4] MARC PERELMAN, *Le sport Barbare. Critique d'un fléau mondial* (Paris: Michalon Éditions, 2008), 37.
[5] SANDRO PROVVISIONATO, *Lo sport in Italia. Analisi, storia, ideologia del fenomeno sportivo dal fascismo ad oggi* (Roma: Samonà e Savelli, 1978), 157.
[6] ROGER CAILLOIS, *I giochi e gli uomini. La maschera e le vertigine* (Milano: Bompiani, 1981). Orig. *Les jeux et les hommes. Le masque et le vertige.* Paris: Gallimard, 1958.
[7] Específicamente, él escribió en «*Les femmes aux Jeux olympiques*», *Revue olympique número* 79 de julio 1912 (pp. 109-111): «Una pequeña Olimpíada femenina junto con la gran Olimpíada masculina. ¿Dónde estaría el interés? [...] No es práctica, no es interesante, antiestética, y no tenemos miedo de agregar: incorrecta, tal sería en nuestra opinión esta media Olimpíada femenina. No es nuestra concepción de los Juegos Olímpicos, en los que creemos que hemos intentado y que deberíamos continuar buscando la realización de esta fórmula: la exaltación solemne y periódica del atletismo masculino que goza del internacionalismo en su base, la lealtad como medio, el arte como marco y el aplauso femenino como recompensa».
También, en este caso, no es un rigor histórico de un purista del atletismo antiguo hablando. De hecho, precisamente en el estadio de Olympia se celebraban las *Heraia* ('Ηραῖα), competiciones de carreras a pie para mujeres, tan antiguas como las de los hombres.
[8] PIERRE DE FRÉDY DE COUBERTIN, *Pédagogie sportive* (Paris: Crés, 1922).
[9] CARLISLE DUNCAN, MARGARET, MICHAEL MESSNER, LINDA WILLIAMS, KERRY JENSEN, WAYNE WILSON. "Gender Stereotyping in Televised Sports", *The Amateur Athletic Foundation of Los Angeles*, (August 1990).
[10] El momento álgido del espectáculo deportivo mundial, los "juegos olímpicos", es un válido ejemplo del rol establecido para las mujeres. Desde los primeros juegos de Coubertin en 1896, la primera participación femenina ocurrió en 1928 a cambio de la renuncia a las "Olimpíadas femeninas" organizadas en 1921 por la francesa Milliat. La balanza entre mujeres y hombres estará siempre fuertemente inclinada hacia estos últimos. Exclusivamente los hombres fueron miembros del Comité Olímpico hasta los años ochenta y aún en estos tiempos, países que no garantizan a las mujeres el derecho a la práctica deportiva son regularmente admitidos en las competiciones.
[11] SANDRO PROVVISIONATO, op. cit., 156.
[12] Department of Exercise, Nutrition and Health Science, University of Bristol.
[13] JOE HUMPHREYS, op. cit., 20.
[14] GEORGES VIGARELLO, *Une histoire culturelle du sport* (Paris: Éditions Robert Laffont, 1988).
[15] MARC PERELMAN, op. cit., 39.

Deporte y pacifismo

1. Que el deporte pueda ser de alguna manera portador de paz es el enésimo falso mito que tiene ecos en la propaganda en la que se encuentra una base real en la «tregua olímpica» que prevalecía en la Grecia de la antigüedad. Jamás interrumpió una guerra, y es más, los mismos griegos no fueron nunca tan ingenuos como para usar una palabra difícil como «paz» *(eirēnē)*, sino que usaban *«ékécheiria»*, que se traduce por una perífrasis que define una «situación donde nos abstenemos de usar las manos».[1] La tregua, como bien lo explica Lämmer, no era un ideal, sino un acuerdo [...], no producía ninguna suspensión de la guerra, que era de hecho una condición casi constante, sino que garantizaba la organización de los torneos «a pesar de» la guerra.[2]

2. Para Heinila, «el deporte de competición por su misma naturaleza no parece particularmente apto para desempeñar la función de «paloma de la paz». La competición recompensa a pocas personas, frustra a muchas y, como proceso social, en sociología se clasifica a menudo en el capítulo de «conflictos sociales».[3] En efecto, hace muchos años, Brohm denunció que «lejos de conducir a la pacificación y a la fraternidad, el deporte exaspera el chovinismo de la mentalidad local, las pasiones nacionalistas. Lejos de procurar salud y equilibrio, el deporte empuja la tendencia a la autodestrucción. En breve, el deporte conduce a la inversión de los valores».[4]

    En vez de hacer conocer el mundo real, estos eventos difunden estereotipos banales y contraproducentes acerca de las diferentes naciones. Cada juego es comentado por periódicos y emisoras de televisión con la distinción entre «nosotros» y «ellos», en una lógica típica (conocida como la del beduino) por la que «el que no está con nosotros, está en contra de nosotros» o, ampliando la fórmula, «el amigo de mi amigo es mi amigo también, el amigo de mi enemigo es a su vez mi enemigo, el enemigo de mi enemigo es, por ello, mi amigo, el enemigo de mi amigo es por razones de solidaridad también mi enemigo».

    Inevitablemente, esto acentúa las divisiones y convierte las instalaciones deportivas en los lugares elegidos para desahogar la agresividad contra cualquiera que represente una alternativa geográfica, étnica, religiosa, política o, aún más banalmente, que muestre un color diferente al nuestro.

3. Sería reductivo definir la *Haka*, danza típica del pueblo Māori conocida sobre todo por ser ejecutada por algunos equipos nacionales de rugby – en particular, por el equipo de Nueva Zelandia – como solo una danza de guerra, pero lo es y se representa frente a los adversarios antes de cada encuentro, con todos sus componentes típicos, gritos en coro que hablan de vida y de muerte, los ojos bien abiertos, la lengua afuera de la boca en desafío, las manos golpeándose el pecho y los muslos, y los pies sobre la tierra quieren representar toda la brutalidad y la ferocidad necesarias para cargar de agresividad a su grupo e intimidar a los oponentes.

4. El deporte moderno no tiene la capacidad ni el interés de aportar ninguna contribución a la mejoría de la sociedad; asimila, reproduce y, a veces, hasta amplifica sus problemas.

5. Parece que el mundo entero ha aceptado acríticamente la ilusión de la rectitud hacia el adversario en el deporte, cuando en realidad es la excepción. De hecho, cuando hay un evento clasificable como «juego limpio» es noticia y el mundo entero se detiene a contemplarlo. La triste normalidad es, por el contrario, adquirir lícitamente o no, una ventaja sobre el prójimo. A este respecto, es célebre el pensamiento de Orwell, quien dijo: «El deporte que cuenta no tiene nada que ver con el juego limpio. Está conectado con el odio, los celos, la vanagloria, el desinterés por todas las reglas y con el placer sádico de presenciar violencia [...]. En otras palabras, es la guerra sin los disparos».[5]

Cuando en alguna competición deportiva se acoplan grupos deportivos que representan entidades que ya tienen existentes conflictos políticos o una rivalidad y hostilidad más genérica, nadie se alegra pensando que gracias a ese encuentro deportivo se podrán allanar las divergencias, sino que, por lo contrario, se eleva el nivel de alarma y se asignan ingentes autoridades policiales en vista de posibles enfrentamientos. Esto acontece en todas partes y en cualquier nivel de competición, hasta en las de resonancia mundial, como en la ya mencionada «Guerra del Fútbol» entre Honduras y El Salvador o en el partido de hockey entre la Unión Soviética y Checoslovaquia, ambos en 1969.[6] Esto se debe a que la oposición deportiva es, de hecho, un «equivalente moral de la guerra»[7] y cuando no es el momento de enfrentamientos, lo es de boicots, como ocurrió en los juegos olímpicos de 1980 y 1984 con Estados Unidos, la Unión Soviética y una decena de países alineados durante la «Guerra Fría».

Por otro lado, los llamados encuentros «amistosos» (aquellos que se disputan fuera de las competiciones oficiales y cuyo fin es, sobre todo, mantener el entrenamiento, probar cambios y obtener ingresos adicionales) son considerados generalmente aburridos, por el hecho de tener un componente menor de agresividad.

6. Incluso en ausencia de ulteriores motivos de discordia entre los contendientes, el deporte competitivo les enseña que hay que superar al adversario porque es el obstáculo que los separa de la victoria.

7. El deporte de competición institucionalizado necesita de un aparato jurídico muy amplio, la «justicia deportiva» con sus múltiples órganos y sus normas complejas, que se superponen y, muy a menudo, están en conflicto con la justicia ordinaria.

8. Aceptamos con la misma actitud acrítica que las competiciones internacionales pueden contribuir a la comprensión entre los pueblos y a la paz en el mundo. A menudo, en estos encuentros, llegamos al punto de aprender los insultos en los idiomas de los adversarios para poder ofenderles con más eficacia.

    Es cierto que no por añadir una cancha donde se coloquen los países en contraposición y fomentar los chovinismos nacionales, puedas pensar de lograr este objetivo. Sería más eficaz la eliminación real de las barreras y el estímulo hacia el entendimiento mutuo.

9. Como consecuencia de querer mostrar lo que no es y de hacer lo contrario de lo que se dice, el gobierno deportivo internacional se ha atribuido a sí mismo el rol de «pacificador», pero, cuando lo disputas con la total ausencia de efectos positivos, este responde que su tarea no es defender los derechos humanos.

    Cuando – muy infrecuentemente – los atletas salen de su papel de engranaje de la máquina del espectáculo para denunciar los problemas sociales, son estigmatizados, castigados, privados de los premios deportivos alcanzados y, al final, marginados. El mensaje intrínseco para todos los demás es que el que se sale de su papel de actor deportivo será expulsado del sistema. Como dice el viejo dicho: «golpear a uno para educar a cien».

Varias grandes empresas patrocinadoras, que financian normalmente los eventos más importantes, están implicadas en actos de guerra, desastres del medioambiente, condiciones de trabajo esclavistas y en actividades antisindicales.

El mismo Comité Olímpico Internacional no ha dado ni una señal, aun cuando podría haber tenido un efecto práctico, por ejemplo, evitando prestarse a la legitimación a nivel mundial de los regímenes dictatoriales, permitiéndoles la organización de las competiciones. Sin tener que volver atrás a los ejemplos del nazismo o al de los regímenes militares latinoamericanos, con ocasión de los juegos olímpicos de Beijing en 2008, el Comité Olímpico ha avalado las políticas de un régimen en el que las mujeres son eliminadas al nacer, y otras se ofertan o compran como si fueran mercancía, donde aún hay miles de ejecuciones al año, donde los trabajadores son maltratados, y las minorías étnicas o los activistas políticos son perseguidos.

No queda más remedio que constatar amargamente que se perpetran otros crímenes *a causa* de los eventos deportivos, cuando, debido a la necesaria adaptación urbana, quienes residen en medio del proyecto de construcción son brutalmente expropiados y expulsados.

Estas son solo algunas de las razones por las que cualquier indicio sobre el ideal de los deportes influyendo en la paz resulta irrisorio, además de hipócrita. Legítimamente, la organización Reporteros sin Fronteras ha llamado al Comité Olímpico «demasiado cínico, demasiado incompetente, o ambos». Por la misma razón, la tradición inventada de la antorcha Olímpica alrededor del mundo necesita cada vez más vergonzosamente la protección de las fuerzas policiales frente a la ira de las poblaciones hacia lo que representa.

10. Si bien jamás reivindicaron ambiciones de paz utópicas, los antiguos juegos olímpicos duraron unos doce siglos sin sufrir nunca una cancelación. Por el contrario, los modernos juegos olímpicos de paz y fraternidad entre los pueblos se suspendieron ya tres veces solo en la primera mitad del siglo XX precisamente a causa de las guerras (1916, 1940 y 1944).[8]

11. Contrariamente a los falsos bienhechores que rezuman la retórica del pacifismo promovida por el Comité Olímpico, su fundador Coubertin (tres veces candidato al premio Nobel de la Paz), así como otros presidentes, fue un militarista convencido. De hecho, todo su proyecto se funda en el sentimiento nacionalista para fortalecer Francia tras la derrota contra Prusia en 1870 y se declaró abiertamente partidario de las rivalidades internacionales de las cuales el Olimpismo era portador.

Su asociación perpetua con el lema «lo importante es participar» y el mismo Coubertin más tarde retrata una imagen de un personaje apacible y afable que se aleja mucho de la realidad. Es importante precisar mientras tanto, que la frase proseguía diciendo: «Lo esencial no es afirmarse, sino luchar bien», para enfatizar el gusto por el desafío y la confrontación que, a decir verdad, nunca trató de ocultar, sino que más bien reivindicó con orgullo. Lo que queda del ideal de deporte como pacificador está en un breve artículo[9] suyo que lleva el título de «un discurso sobre la *Pax olímpica*»,[10] y realmente muchos buenos propósitos insatisfechos.

Detrás de la norma «lo importante es participar» se oculta, en cambio, más fielmente el espíritu del *«mors tua vita mea»*.

NOTAS

[1] Manfred Lämmer in PAOLA ANGELI BERNARDINI (Ed.), *Lo sport in Grecia* (Roma / Bari: Laterza, 1998), 121.

[2] *Ibídem*, 139.

[3] Informe al seminario internacional CIEPS: *"Deporte y comprensión internacional"*, Paris, 1971, en PIERRE SEURIN, *Problemi fondamentali dell'educazione fisica e dello sport* (Roma: Società Stampa Sportiva, 1981), 87. Orig. *Problèmes fondamentaux de l'éducation physique et du sport.* L'Union: Editions de la Violette, 1981.

[4] Jean-Marie Brohm en GIANNI BOCCARDELLI (Ed.), *I signori del gioco. Storia, massificazione, interpretazioni dello sport* (Napoli: Liguori editore, 1982), 23.

[5] GEORGE ORWELL, *The Sporting Spirit* (London: Tribune, 1945).

[6] RYSZARD KAPUŚCIŃSKI, *Wojna Futbolowa* (Warszawa: Czytelnik, 1978).

[7] William James in JIM PARRY, VASSIL GIRGINOV, *The Olympics. A Critical Reader* (New York / London: Routledge, 2008), 53.

[8] TONY PERROTTET, *The naked Olympics: The true story of the ancient games* (New York: Random House, 2004), 187.

[9] PIERRE DE FRÉDY DE COUBERTIN, *"Le sport est pacificateur"*, en La Revue sportive illustrée, XXXI, 1935, 44.

[10] Escrito en Alemania en 1935.

Deporte y beneficio

1. El espectáculo deportivo, la quintaesencia de la ideología dominante, se encuentra presente por doquier en cualquier momento con una injerencia tal que uno se podría preguntar si es posible otro deporte. Ya que este es un instrumento y una representación del sistema de poder, en el dualismo entre cooperación y competición que se configura en las relaciones humanas, esta última es la que ha prevalecido hasta ahora.

2. La organización de los deportes a nivel mundial se basa en las creencias de Coubertin que, por otro lado, carecen de fundamento y según las cuales «para que cien se dediquen a la cultura física, es necesario que cincuenta hagan deporte; para que cincuenta hagan deporte, es necesario que veinte se especialicen; para que veinte se especialicen, es necesario que cinco sean capaces de proezas extraordinarias».[1] El espectáculo del deporte entonces, con la promesa de beneficios que están lejos de ser normales, requiere la extrema especialización del atleta y promueve un espíritu fuertemente competitivo.

3. Ya en la antigüedad, Aristóteles observó que el atletismo como fin en sí mismo no produce beneficios ni para la vida cívica, ni para la salud del individuo y, como Galeno *(Claudius Galenus)*, estaba a favor de prácticas más tranquilas dirigidas hacia el cuerpo al completo.

4. El antagonismo y la competición entre los seres humanos, experimentados en todas partes de este mundo enfermo como un elemento positivo, no debería representar más que una concepción extrema de las relaciones sociales, incluyendo el deporte.
Como cuestionaba Jacquard, «una sociedad que ofrece a los jóvenes la competición como la única moral de la vida es una sociedad enferma».[2] Este comportamiento, agrega Caillat, no es innato en el ser humano, como podría pensarse, sino más bien un «producto cultural», un requerimiento social y cultural interiorizado.[3] Los juegos como espejo de la sociedad en la que se practican pueden ser competitivos o cooperativos, dependiendo de las normas de convivencia que una comunidad asume. De hecho, existen pueblos que, en una visión etnocéntrica y obtusa, son considerados «inferiores», carentes de competición, como,

por ejemplo, el de los inuit, en cuyos juegos el concepto de victoria es considerado absurdo, puesto que los objetivos son la diversión, el equilibrio y el juego del equipo.

Hay disciplinas no competitivas, como el antiguo *Kemari* japonés, un juego cooperativo de pelota del que no resultan ganadores ni perdedores. En tales juegos cooperativos te desafías a ti mismo para alcanzar un objetivo común y estar cómodos juntos. Los beneficios son la creación y la armonía de un grupo, la confianza, el respeto, la aceptación y el entendimiento mutuo, así como la autoestima de los participantes.

5. Las posiciones de la «teoría crítica» no podrían estar mejor descritas que por lo que hizo Gutmann en su libro más célebre (quien las criticó): «Lo que la sociedad necesita no es más presión para más éxito, sino libertad de las incesantes demandas de éxito [...] Lo que la sociedad necesita no es deporte, sino juego, no el «principio de realidad» sino el «principio del placer». El deporte reprime, el juego emancipa».[4]

    Si el juego es «da forma más alta de investigación»,[5] habría que preguntarse si es correcto proponer a la sociedad y, en especial, a los jóvenes un deporte completamente vaciado de su dimensión lúdica. A partir del famoso análisis de Huizinga,[6] debería ser un hecho establecido que la característica más significativa del juego es que es un acto libre.

6. Para que el deporte vuelva al servicio de la sociedad, en primer lugar, es necesario recobrar el tiempo «libre», liberarse del concepto de «victoria», que es opresivo porque es absoluto, en favor del «éxito» relacionado, en cambio, con uno mismo. Y, como afirma Volpicelli, sería fundamental anular el axioma de Coubertin que afirma que «para que cinco sean capaces de proezas extraordinarias, es necesario que veinte se especialicen; para que veinte se especialicen, es necesario que cincuenta hagan deporte, es necesario que cien se dediquen a la cultura física, a los ejercicios corporales y a los juegos deportivos de cualquier tipo. Se necesitan millones de deportistas, así no tendremos que llevar cabo una investigación de muestra, vendrán por sí solos».[7]

7. Para que las masas puedan conocer las alternativas, sería necesario un cambio social radical, en el que la gente se vuelva a adueñar básicamente de sus propias vidas. Cuando se vuelva claro que el modelo dominante ha sido un fracaso, se podrá

desarrollar una conciencia colectiva y habrá espacio para un sistema social más humano, en el que podrán tomar forma nuevos enfoques hacia el deporte y en donde este pueda contribuir a la sociedad, empezando por convertirse de verdad en un deporte para todos.

8.   Cuando se habla de deporte, se piensa en las grandes hazañas atléticas, pero en realidad, sin importar lo triste que sea y a pesar de su nombre, la mayoría de los «récords» son transitorios y los olvidamos. Nadie recuerda quién ha ganado la mayor parte de las competiciones deportivas y, con el paso de los años, los trofeos se cubren de capas de polvo y los aplausos se difuminan con el silencio. Para la mayoría de las personas, de hecho, el deporte es en realidad algo mucho más simple: salir a correr, ir a nadar o echar un partido con los amigos. Lo que debería contar no es tanto el *récord* que pertenece temporalmente a un solo individuo y que es inaccesible para la mayoría, sino los *récords* personales, realísticos, pequeños o grandes, a los cuales todos pueden aspirar.

NOTAS

[1] PIERRE DE FRÉDY DE COUBERTIN, *Pédagogie sportive* (Paris: Crés, 1922).

[2] Albert Jacquard in MICHEL CAILLAT, *Le sport* (Paris: Le Cavalier Bleu Éditions, 2008), 27.

[3] *Ibídem*, 28.

[4] ALLEN GUTTMANN, *Dal rituale al record. La natura degli sport moderni* (Napoli: Edizioni Scientifiche Italiane, 1994), 92. Orig. *From Ritual to Record: The Nature of Modern Sports*. New York: Columbia University Press, 1978.

[5] Neville V. Scarfe, atribuido a Albert Einstein.

[6] JOHAN HUIZINGA, *Homo ludens. Proeve eener bepaling van het spel-element der cultuur* (Haarlem: H.D. Tjeenk Willink, 1938).

[7] LUIGI VOLPICELLI, *Industrialismo e sport (antisportivo)* (Roma: Armando Armando, 1960), 70.

Conclusiones

Lejos de ser el oasis feliz de la despreocupación, diversión, alegría, salud, belleza y amistad que parece, el deporte moderno esconde la naturaleza anteriormente descrita de «zona libre» en la que se cede a una regresión de las relaciones humanas según la ley del más fuerte, el chovinismo y la supremacía de género y «raza», y la exaltación de la fuerza como un fin por sí misma. Esto despierta, estimula y exalta los instintos básicos de los seres humanos, en una especie de *«Bellum omnium contra omnes»*, la guerra de todos contra todos teorizada por Hobbes,[1] o en el sedimento del odio universal finamente difundido que, según Musil, se precipita con precisión en las competiciones deportivas. La razón, la empatía, el aprecio hacia la diversidad y la solidaridad se suspenden todos durante los tiempos del deporte organizado.

Esta inmoralidad de fondo, señala Redeker,[2] se resume de manera ejemplar y sin equívocos en el deseo común de «¡que venza el más fuerte!», o «¡que venza el mejor!».

Si bien, teóricamente pertenece a la esfera del tiempo libre, en el deporte moderno – como «declinación del juego en el sentido capitalista»[3] – se proyectan todos los antivalores de una sociedad industrial, lo que tiende hacia la homogeneización y la homologación sobre el ciclo obsesivo de la sobreproducción y del hiperconsumismo. En un contexto tan vacío y decadente, la irracionalidad colectiva se manifiesta en la competición para la producción (búsqueda de un empleo a toda costa) y para el consumo (adquisición de bienes para alcanzar un estatus social cada vez más elevado). Incluso en el deporte, hemos acabado prefiriendo la *cantidad del* tiempo frente a la *calidad de* tiempo, que nunca es suficiente pues siempre hay récords más difíciles que vencer.

El nuevo hallazgo del deporte como mercancía para venderse como forma de espectáculo combinado con el descubrimiento de sus propiedades anestésicas culturales ha resultado en un mayor uso de este hasta llegar al abuso.

Junto con los fenómenos de deterioro que proliferan a su alrededor, como las apuestas (definidas como «deportivas»), el periodismo refuerza sus efectos calmantes. Lo hace a propósito, ocupándose mínimamente de los problemas y haciendo que parezcan excepciones, contentándose con vivir a la sombra de los campeones y haciendo una mera comunicación comercial a favor de las empresas involucradas mezclada con puro entretenimiento.

Asistimos así a un fenómeno en el que todo es de alguna manera estridente y exagerado. Las manifestaciones de felicidad, por ejemplo, parecen ataques de nervios incontrolables, y los protagonistas – alienados de su público de modo diferente – se sienten y se comportan como pilares de la humanidad.

Con la complicidad de la clase política internacional y de las cleptocracias locales, la población está atrapada en el único concepto de deporte proporcionado por lo que, de hecho, es una empresa privada.

A través de los éxitos de tal forma de deporte, muchas naciones buscan el prestigio en el plano internacional, como si sus victorias en las competiciones deportivas fueran automáticamente sinónimo de progreso o superioridad. Sin embargo, es evidente lo contrario, incluso en un plano puramente deportivo. Por ejemplo, Estados Unidos es el primero del mundo en éxitos olímpicos, pero – más allá de los pocos atletas de nivel superior – la población estadounidense no se distingue por practicar deporte. Los éxitos a nivel mundial en las competiciones evocan también un mejor bienestar, si bien, en realidad, EEUU tiene una población que es conocida por sufrir especialmente en términos de obesidad y de las patologías relacionadas a ella. El prestigio y la superioridad en los partidos internacionales no están directamente correlacionados con ningún posible progreso político, social o cultural.

No se concede ningún beneficio real, ni siquiera la proclamada paz entre los pueblos. Tanto es así, que el histórico del deporte Mandell definió, en cambio, algún evento como «una contribución a la acrimonia internacional».[4] El resto está ante los ojos de todos y no es ciertamente edificante; la corrupción, el doping y los peores crímenes que la humanidad pueda conocer se perpetran a veces *en el nombre* del deporte.

Nos encontramos frente al engaño más grande de la historia humana porque se perpetúa en todas partes del mundo y en todo momento a lo largo del año, y así ha sido desde hace décadas. Detrás de ello, se está llevando a cabo una operación ideológica, así como un verdadero fraude contra la población mundial. ¿Quién de estar debidamente informado, aceptaría privar a sus propios hijos de espacios, métodos y tiempo para un deporte que realmente le haga bien, solo para que, en alguna parte del mundo, los compatriotas puedan ganar medallas en disciplinas como, por ejemplo, el tiro con carabina? No es así cómo «celebramos la juventud del mundo» ni cómo «inspiramos a las generaciones», por mencionar un par de eslóganes que promociona el deporte moderno.

Junto con las enormes inversiones públicas que mantienen con vida al gigantesco aparato organizativo y a sus obras, hay partes significativas de ciudadanos residiendo en esos mismos lugares en condiciones de pobreza. Los juegos olímpicos del centenario han arruinado las cuentas públicas de Grecia, dejando al mismo tiempo instalaciones deportivas abandonadas y niños que ya ni siquiera van al gimnasio porque están debilitados por la crisis económica.

No se trata pues de una cuestión puramente académica, sino de una verdadera privación colectiva, engaño y violencia contra la sociedad. Si la pobreza es la peor forma de violencia[5] – además de ser la más extendida – esta es de alguna manera una guerra de algunas «instituciones» contra todos los pueblos. Hoy se mira con horror a la Roma de la antigüedad del *panem et circenses* porque la población estaba manipulada y, sobre todo, porque todavía existía la esclavitud. Pero no nos damos cuenta de que hoy en día está pasando lo mismo y que muchas formas de trabajo «remunerado libremente» son mucho peores que los tratamientos que estaban reservados a los esclavos en el pasado. De hecho, no siempre y no todo el mundo logra entender la barbarie que se encuentra detrás de estos conceptos, ya ampliamente interiorizados y, a menudo, aceptados como el estado natural e inmutable de las cosas. Todos terminamos convirtiéndonos en pequeños engranajes – aunque de diferentes tamaños – de un sistema mayor.

Hay una batalla desigual entre los que tratan de difundir la información y los que desean que continúe la deshonestidad del deporte. Por un lado, están los pocos expertos quienes – sin medios de subsistencia particulares – se comprometen a hacer divulgaciones, teniendo también que lidiar con el paso del tiempo y las tareas cotidianas de sus propias vidas. En las décadas pasadas, muchos han vivido este tipo de vida sin que nada haya cambiado. El «testigo» – continuando con la terminología deportiva – pasa a otros autores incluso después de muchos años, y la divulgación se sigue llevando a cabo mediante nuevos libros como este, que actualizan la información y los puntos de vista pero que, como los anteriores, deben enfrentarse a una maquinaria terriblemente poderosa y adinerada. Esta está representada por todas las organizaciones deportivas y políticas que tienen un interés directo en perpetrar el sistema hegemónico y los sectores complacientes, aquellos que tienen un interés indirecto, como los medios de comunicación.

No se trata de un proceso indoloro; los que han estudiado la materia acaban por tener que unirse, a menudo inconscientemente, al sistema descrito. Quien está escribiendo este libro ha escogido no hacerlo, prefiriendo, en cambio, quedarse fuera, en una especie de exilio profesional, además de territorial.

Nos consideramos una sociedad evolucionada porque estamos placenteramente sorprendidos por las innovaciones tecnológicas que nos rodean. Pero la incapacidad de cooperar por el bien común y la búsqueda de soluciones individuales de unos contra otros, la continua presencia de guerras y las supersticiones anacrónicas llamadas religiones crean motivos más triviales de división, fronteras e incluso murallas construidas para separar a los pueblos son algunos ejemplos concretos para demostrar el retraso obtuso que impregna nuestro tiempo. Desafortunadamente, estamos lejos entender que todos somos habitantes de este planeta solo durante una fracción infinitesimal de su existencia y que deberíamos invertir este breve tiempo en contribuir a nuestro bienestar y al de los demás.

En el deporte, como en los otros ámbitos de la vida social, sería necesario invertir la tendencia hasta ahora descrita, moviendo la «inercia de los justos» y tomando conciencia colectivamente. Pragmáticamente, se llevaría a cabo retomando los asuntos públicos y participando en ellos activamente, deteniendo de inmediato cualquier forma de financiación pública, ya sea directa o indirecta, del espectáculo «deportivo», que como tal es lo suficientemente agradable como para poderse financiar a sí mismo a través de sus propios ingresos y recursos. Finalmente, también habría que destinar y redistribuir los fondos para lo que la comunidad necesite realmente, incluidos los espacios gratuitos para el deporte de base, accesibles en cualquier lugar y en cualquier momento.

Pero sin duda, parafraseando a Feuerbach, nuestra sociedad aún prefiere observar en vez de actuar, prefiere la ilusión al desencanto, el espectáculo a la realidad. Lo que para ella es sagrado es solo la apariencia, y el apogeo del espectáculo deportivo es también el apogeo de la mistificación.

NOTAS

[1] THOMAS HOBBES, *Leviathan, or The Matter, Forme and Power of a Common Wealth Ecclesiastical and Civil* (London: Andrew Crooke, 1651).

[2] ROBERT REDEKER, *Lo sport contro l'uomo* (Enna: Città Aperta, 2003), 61. Orig. *Le sport contre les peuples*. Paris: Berg International, 2002.

[3] ULRIKE PROKOP, *Olimpiadi dello spreco e dell'inganno* (Rimini: Guaraldi, 1972), 163. Orig. *Soziologie der Olympischen Spiele. Sport und Kapitalismus*. München: Carl Hanser, 1971.

[4] RICHARD MANDELL, *The First Modern Olympics* (Berkeley: University of California Press, 1976), 168.

[5] Atribuido a Mohandās Karamchand Gāndhī.

Bibliografía

Libros

ALTOPIEDI, ROSALBA. *"Fatti" di sport. Il doping e la doppia morale delle organizzazioni sportive*. Milano: FrancoAngeli, 2009.

ANDERSON, BENEDICT, RICHARD O'GORMAN. *Imagined Communities: Reflections on the Origin and Spread of Nationalism*. London / New York: Verso, 1983.

ANGELI BERNARDINI, PAOLA (Ed.). *Lo sport in Grecia*. Roma / Bari: Laterza, 1998.

ANGELUCCI, MASSIMILIANO. *Il paradosso dello sport in Italia. Le scienze motorie e lo sport per tutti*. Frankfurt am Main: Biblioteca Italiana, 2015.

―――――. *La Responsabilità Sociale nello Sport*. Roma: Aracne, 2009.

―――――. *Tifo e appartenenza*. Napoli: Boopen, 2009.

―――――. *Tra fitness e wellness. Modelli di evento a confronto*. Milano: LdS, 2009.

BAUMAN, ZIGMUNT. *Liquid Modernity*. Cambridge / Malden: Polity Press, 2000.

BOCCARDELLI, GIANNI (Ed.). *I signori del gioco. Storia, massificazione, interpretazioni dello sport*. Napoli: Liguori editore, 1982.

BORTOLOTTI, ALESSANDRO. *Sport addio. Perché i giovani abbandonano la pratica sportiva*. Bari: La Meridiana, 2002.

BOSIO, ROBERTO. *I giochi del potere*. Cesena: Macro Edizioni, 2006.

BOUET, MICHEL. *Les motivations des sportifs*. Paris: Éditions Universitaires, 1969.

BROHM, JEAN-MARIE. *La Tyrannie sportive. Théorie critique d'un opium du peuple*. Paris: Beauchesne, 2006.

————. *Sociologie politique du sport*. Nancy: Presses Universitaires de Nancy, 1992. I ed. Paris: Éditions Universitaires, 1976.

BROWNELL, SUSAN (Ed.). *The 1904 Anthropology Days and Olympic Games: Sport, Race, and American Imperialism*. Lincoln / London: University of Nebraska Press, 2008.

BRUNAMONTINI, GIUSEPPE. *Esercito e Sport. Dal gesto individuale del guerriero mitologico all'educazione sportiva dei giovani di oggi*. Bari: Laterza, 1989.

BUCCIARELLI, CLAUDIO. *Lo sport come ideologia: alienazione o liberazione?* Roma: AVE, 1974.

CAILLAT, MICHEL. *Le sport*. Paris: Le Cavalier Bleu Éditions, 2008.

CAILLOIS, ROGER. *I giochi e gli uomini. La maschera e le vertigine*. Milano: Bompiani, 1981. Orig. *Les jeux et les hommes. Le masque et le vertige*. Paris: Gallimard, 1958.

CARCOPINO, JÉRÔME ERNEST JOSEPH. *La vita quotidiana a Roma all'apogeo dell'Impero*. Roma / Bari: Laterza, 1971. Orig. *La vie quotidienne à Rome à l'apogée de l'Empire*. Paris: Hachette, 1939.

DE FRÉDY, DE COUBERTIN PIERRE. *Mémoires olympiques*. Lausanne: Bureau International de Pédagogie Sportive, 1931.

————. *Pédagogie sportive*. Paris: Crés, 1922.

————. *Textes choisis*. Lausanne: Musée olympique, 1986.

DEBORD, GUY-ERNEST. *La societé du spectacle*. Paris: Éditions Buchet-Chastel, 1967.

DONATI, ALESSANDRO. *Campioni senza valore*. Firenze: Ponte alle Grazie, 1989.

————. *Lo sport del doping. Chi lo subisce, chi lo combatte*. Torino: Edizioni Gruppo Abele, 2013.

FINLEY, MOSES ISRAEL, HENRI WILLY PLEKET. *I Giochi olimpici: I primi mille anni*. Roma: Editori Riuniti, 1980. Orig. *The Olympic Games: The First Thousand Years*. London: Chatto and Windus, 1976.

FRASCA, ROSELLA. *Religio Athletae. Pierre de Coubertin e la formazione dell'uomo per la società complessa.* Roma: Società Stampa Sportiva, 2007.

————. *Il corpo e la sua arte. Momenti e paradigmi di storia delle attività motorie, da Omero a P. de Coubertin.* Milano: Unicopli, 2006.

GIULIANOTTI, RICHARD (Ed.). *Sport and Modern Social Theorists.* Basingstoke: Palgrave Macmillan, 2004.

GUTTMANN, ALLEN. *Dal rituale al record. La natura degli sport moderni.* Napoli: Edizioni Scientifiche Italiane, 1994. Orig. *From Ritual to Record: The Nature of Modern Sports.* New York: Columbia University Press, 1978.

HENSCHEN, HANS-HORST, REINHARD WETTER. *Anti-Olympia / Ein Beitrag zur mutwilligen Diffamierung und öffentlichen Destruktion der Olympischen Spiele und anderer Narreteien.* München: Carl Hanser Verlag, 1972.

HOBBES, THOMAS. *Leviathan, or the Matter, Forme and Power of a Common Wealth Ecclesiastical and Civil.* London: Andrew Crooke, 1651.

HOBERMAN, JOHN MILTON. *Politica e sport. Il corpo nelle ideologie politiche dell'800 e del 900.* Bologna: Il Mulino, 1988. Orig. *Sport and Political Ideology.* Austin: University of Texas Press, 1984.

HOBSBAWM ERIC J., TERENCE O. RANGER. *L'invenzione della tradizione.* Torino: Einaudi, 1987. Orig. *The Invention of Tradition.* Cambridge / New York: Cambridge University Press, 1983.

HUIZINGA, JOHAN. *Homo ludens.* Torino: Einaudi, 1949. Orig. *Homo ludens. Proeve eener bepaling van het spel-element der cultuur.* Haarlem: H.D. Tjeenk Willink, 1938.

HUMPHREYS, JOE. *Foul Play: What's wrong with Sport.* London: Icon Books, 2008.

INTERNATIONAL OLYMPIC COMMITTEE. *Olympic Charter.* Lausanne, 2011.

INTERNATIONAL OLYMPIC COMMITTEE. *Olympic Marketing Fact File.* Lausanne, 2015.

IRLINGER, PAUL, CATHERINE LOUVEAU, MICHÈLE MÉTOUDI. *Les pratiques sportives des Français*. Paris: INSEP, 1987.

JENNINGS, ANDREW. *The New Lord of the Rings. Olympic Corruption and How to Buy Gold Medals*. London: Transparency Books, 2012.

KAPUŚCIŃSKI, RYSZARD. *La prima guerra del football e altre guerre di poveri*. Milano: Serra e Riva, 1990. Orig. *Wojna Futbolowa*. Warszawa: Czytelnik, 1978.

LAGUILLAUMIE, PIERRE. *Sport & repressione*. Roma: Samonà e Savelli, 1971. Orig. *Sport, culture et répression*. Paris: Maspero, 1968.

MANDELL, RICHARD D. *The First Modern Olympics*, University of California Press. Berkeley, 1976.

MITCHELL, DAVID STEPHEN. *Cloud Atlas*. London: Sceptre, 2004.

MORRIS, DESMOND JOHN. *The Soccer Tribe*. London: Jonathan Cape, 1981.

ORWELL, GEORGE. *Nineteen Eighty-Four*. London: Secker & Warburg, 1949.

PARRY, JIM, VASSIL GIRGINOV. *The Olympics. A Critical Reader*. New York / London: Routledge, 2008.

PERELMAN, MARC. *Sport barbaro. Critica di un flagello mondiale*. Milano: Medusa, 2012. Orig. *Le sport Barbare. Critique d'un fléau mondial*. Paris: Michalon Éditions, 2008.

PERROTTET, TONY. *The naked Olympics: The true story of the ancient games*. New York: Random House, 2004.

PORRO, NICOLA. *Sociologia del calcio*. Roma: Carocci, 2008.

PROKOP, ULRIKE. *Olimpiadi dello spreco e dell'inganno*. Rimini: Guaraldi, 1972. Orig. *Soziologie der Olympischen Spiele. Sport und Kapitalismus*. München: Carl Hanser, 1971.

PROVVISIONATO, SANDRO. *Lo sport in Italia. Analisi, storia, ideologia del fenomeno sportivo dal fascismo ad oggi*. Roma: Samonà e Savelli, 1978.

REDEKER, ROBERT. *Lo sport contro l'uomo*. Enna: Città Aperta, 2003. Orig. *Le sport contre les peuples*. Paris: Berg International, 2002.

RIGAUER, BERO. *Sport and Work*. New York: Columbia University Press, 1981. Orig. *Sport und Arbeit*. Frankfurt am Main: Suhrkamp, 1969.

RIVA, GIGI. *L'ultimo rigore di Faruk. Una storia di calcio e di guerra*. Palermo: Sellerio, 2016.

SEURIN, PIERRE. *Problemi fondamentali dell'educazione fisica e dello sport*. Roma: Società Stampa Sportiva, 1981. Orig. *Problèmes fondamentaux de l'éducation physique et du sport*. L'Union: Editions de la Violette, 1981.

TOMLINSON, ALAN, GARRY WHANNEL. *Five-ring Circus: Money, Power and Politics at the Olympic Games*. London: Pluto Press, 1984.

TURANO, GIANFRANCESCO. *Fuori gioco. Calcio e potere. Da Della Valle a Berlusconi, da Preziosi a Moratti. La vera storia dei presidenti di Serie A*. Milano: Chiarelettere, 2012.

TUTKO, THOMAS A., BILL BRUNS. *Winning is Everything and Other American Myths*. New York: MacMillan, 1976.

VALERI, MAURO. *Stare ai giochi. Olimpiadi tra discriminazioni e inclusioni*. Roma: Odradek Edizioni, 2012.

VIGARELLO, GEORGES. *Culture e tecniche dello sport. Gesti, strumenti, materiali, organizzazioni: un'antropologia dei fenomeni sportivi nella società contemporanea*. Milano: il Saggiatore, 1993. Orig. *Une histoire culturelle du sport*. Paris: Éditions Robert Laffont, 1988.

VILLEPREUX, OLIVIER. *Feue la flamme. Pour en finir avec les JO*. Paris: Gallimard, 2008.

VINNAI, GERHARD. *Il calcio come ideologia. Sport e alienazione nel mondo capitalista*. Rimini: Guaraldi, 2004. Orig. *Fußballsport als Ideologie*. Frankfurt am Main: Europäische Verlagsanstalt, 1970.

VON CLAUSEWITZ, CARL PHILIPP GOTTLIEB. *Vom Kriege: Hinterlassenes Werk des Generals Carl von Clausewitz*. Berlin: Dümmler, 1832.

VOLPICELLI, LUIGI. *Industrialismo e sport (antisportivo)*. Roma: Armando Armando, 1960.

WANN DANIEL L., MERRILL J. MELNICK, GORDON W.RUSSELL, DALE G. PEASE. *Sport fans: The psychology and social impact of spectators*. New York / London: Routledge, 2001.

WEEBER, KARL-WILHELM. *Olimpia e i suoi sponsor. Sport, denaro e politica nell'antichità*. Milano: Garzanti, 1992. Orig. *Die unheiligen Spiele. Das antike Olympia zwischen Legende und Wirklichkeit*. Zürich / München: Artemis Verlag, 1991.

————. *Panem et circenses. La politica dei divertimenti di massa nell'antica Roma*. Milano: Garzanti, 1989. Orig. *Panem et circenses*. Düsseldorf / Wien: Econ Verlag, 1983.

YOUNG, DAVID C. *The Modern Olympics. A Struggle for Revival*. Baltimore / London: Johns Hopkins University Press, 1996.

————. *The Olympic Myth of Greek Amateur Athletics*. Chicago: Ares Publishers, 1984.

Otros textos

CALLEBAT, LOUIS. "The Modern Olympic Games and their Model in Antiquity", *Boston University – Third Meeting of the International Society for the Classical Tradition*, (March 1995).

CARLISLE DUNCAN, MARGARET, MICHAEL MESSNER, LINDA WILLIAMS, KERRY JENSEN, WAYNE WILSON. "Gender Stereotyping in Televised Sports", *The Amateur Athletic Foundation of Los Angeles*, (August 1990).

COMITÉ INTERNATIONAL OLYMPIQUE. *Bulletin.* Lausanne, (15 Février 1965).

CONSIGLIO D'EUROPA. "Carta Europea dello Sport", Consiglio d'Europa, Rodi, (1992).

DE FRÉDY, DE COUBERTIN PIERRE. "L'Éducation de la paix", *La Réforme Sociale*, 2 série, tome VII, (16 Septembre 1889).

DE FRÉDY, DE COUBERTIN PIERRE. "Le sport est pacificateur", *La Revue sportive illustrée*, XXXI, (1935).

DE FRÉDY, DE COUBERTIN PIERRE. "Les femmes aux Jeux olympiques", *Revue olympique,* n.79 (juillet 1912).

EUROPEAN TOUR OPERATORS ASSOCIATION. "Olympic Report", London, (2012).

ORTEGA Y GASSET, JOSÉ. "El origen deportivo del Estado" (1924), *Obras Completas*, Vol. II, Ed. Taurus, Madrid (1963).

ORWELL GEORGE. "The Sporting Spirit", London, Tribune, (1945).

TURRINI, DAVIDE. "Silvano Agosti: Il cinema è in agonia e gli spettatori mi fanno una pena infinita", *Il Fatto Quotidiano*, (7 luglio 2016).

VENDEMIALE, LORENZO. "Olanda, in tv documentario sul doping nella Juve anni '90 (con troppe omissioni)", *Il Fatto Quotidiano*, (28 maggio 2013).

YOUNG, DAVID C. "Further Thoughts on Some Issues of Early Olympic History", *Journal of Olympic History*, Volume 6 n.3 (Fall 1998).